PRÉFACE

La collection de guides de conversation "Tout ira bien!", publié par T&P Books, est conçue pour les gens qui voyagent par affaire ou par plaisir. Les guides de conversations contiennent le plus important - l'essentiel pour la communication de base. Il s'agit d'une série indispensable de phrases pour survivre à l'étranger.

Ce guide de conversation vous aidera dans la plupart des cas où vous devez demander quelque chose, trouver une direction, découvrir le prix d'un souvenir, etc. Il peut aussi résoudre des situations de communication difficile lorsque la gesticulation n'aide pas.

Le livre contient beaucoup de phrases qui ont été groupées par thèmes. Vous trouverez aussi un vocabulaire des 3000 mots les plus couramment utilisés. Une autre section du guide contient un glossaire gastronomique qui peut être utile lorsque vous faites le marché ou commandez des plats au restaurant.

Emmenez avec vous un guide de conversation "Tout ira bien!" sur la route et vous aurez un compagnon de voyage irremplaçable qui vous aidera à vous sortir de toutes les situations et vous enseignera à ne pas avoir peur de parler aux étrangers.

TABLE DES MATIÈRES

Prononciation	5
Liste des abréviations	7
Guide de conversation Français-Polonais	9
Vocabulaire thématique	73
Glossaire gastronomique	191

T&P Books Publishing

Collection de guides de conversation
"Tout ira bien!"

T&P Books Publishing

GUIDE DE CONVERSATION

— POLONAIS —

Par Andrey Taranov

LES PHRASES LES PLUS UTILES

Ce guide de conversation contient les phrases et les questions les plus communes et nécessaires pour communiquer avec des étrangers

T&P BOOKS

Guide de conversation + dictionnaire de 3000 mots

Guide de conversation Français-Polonais et vocabulaire thématique de 3000 mots

Par Andrey Taranov

La collection de guides de conversation "Tout ira bien!", publiée par T&P Books, est conçue pour les gens qui voyagent par affaire ou par plaisir. Les guides contiennent l'essentiel pour la communication de base. Il s'agit d'une série indispensable de phrases pour "survivre" à l'étranger.

Ce livre inclut un dictionnaire thématique qui contient près de 3000 des mots les plus fréquemment utilisés. Une autre section du guide contient un glossaire gastronomique qui peut être utile lorsque vous faites le marché ou commandez des plats au restaurant.

T&P Books Publishing
www.tpbooks.com

ISBN: 978-1-78492-561-1

Ce livre existe également en format électronique.
Pour plus d'informations, veuillez consulter notre site: www.tpbooks.com
ou rendez-vous sur ceux des grandes librairies en ligne.

PRONONCIATION

Lettre	Exemple en polonais	Alphabet phonétique T&P	Exemple en français

Voyelles

A a	fala	[a]	classe
Ą ą	są	[õ]	contrat
E e	tekst	[ɛ]	faire
Ę ę	pięć	[ɛ]	magicien
I i	niski	[i]	stylo
O o	strona	[ɔ]	robinet
Ó ó	ołów	[u]	boulevard
U u	ulica	[u]	boulevard
Y y	stalowy	[ɪ]	capital

Consonnes

B b	brew	[b]	bureau
C c	palec	[ts]	gratte-ciel
Ć ć	haftować	[tʃ]	match
D d	modny	[d]	document
F f	perfumy	[f]	formule
G g	zegarek	[g]	gris
H h	handel	[h]	h aspiré
J j	jajko	[j]	maillot
K k	krab	[k]	bocal
L l	mleko	[l]	vélo
Ł ł	głodny	[w]	iguane
M m	guma	[m]	minéral
N n	Indie	[n]	ananas
Ń ń	jesień	[ɲ]	canyon
P p	poczta	[p]	panama
R r	portret	[r]	racine
S s	studnia	[s]	syndicat
Ś ś	świat	[ɕ]	chiffre

Lettre	Exemple en polonais	Alphabet phonétique T&P	Exemple en français
T t	taniec	[t]	aventure
W w	wieczór	[v]	rivière
Z z	zachód	[z]	gazeuse
Ź ź	żaba	[ʑ]	gin, régime
Ż ż	żagiel	[ʒ]	jeunesse

Combinaisons de lettres

ch	ich, zachód	[h]	anglais - behind, finnois - raha
ci	kwiecień	[ʨ]	match
cz	czasami	[ʧ]	match
dz	dzbanek	[dz]	pizza
dzi	dziecko	[ʥ]	jean
dź	dźwig	[ʥ]	jean
dż	dżinsy	[ʤ]	maillot
ni	niedziela	[ɲ]	canyon
rz	orzech	[ʒ]	jeunesse
si	osiem	[ɕ]	chiffre
sz	paszport	[ʃ]	chariot
zi	zima	[ʑ]	gin, régime

Remarques

˙ Qq, Vv, Xx : caractères employés uniquement dans les mots d'origine étrangère

LISTE DES ABRÉVIATIONS

Abréviations en français

adj	-	adjective
adv	-	adverbe
anim.	-	animé
conj	-	conjonction
dénombr.	-	dénombrable
etc.	-	et cetera
f	-	nom féminin
f pl	-	féminin pluriel
fam.	-	familiar
fem.	-	féminin
form.	-	formal
inanim.	-	inanimé
indénombr.	-	indénombrable
m	-	nom masculin
m pl	-	masculin pluriel
m, f	-	masculin, féminin
masc.	-	masculin
math	-	mathematics
mil.	-	militaire
pl	-	pluriel
prep	-	préposition
pron	-	pronom
qch	-	quelque chose
qn	-	quelqu'un
sing.	-	singulier
v aux	-	verbe auxiliaire
v imp	-	verbe impersonnel
vi	-	verbe intransitif
vi, vt	-	verbe intransitif, transitif
vp	-	verbe pronominal
vt	-	verbe transitif

Abréviations en polonais

ż	-	nom féminin
ż, l.mn.	-	féminin pluriel

l.mn.	-	pluriel
m	-	nom masculin
m, ż	-	masculin, féminin
m, l.mn.	-	masculin pluriel
n	-	neutre

T&P BOOKS

GUIDE DE CONVERSATION POLONAIS

Cette section contient
des phrases importantes
qui peuvent être utiles dans
des situations courantes.
Le guide vous aidera
à demander des directions,
clarifier le prix, acheter
des billets et commander
des plats au restaurant

T&P Books Publishing

CONTENU DU GUIDE DE CONVERSATION

Les essentiels	12
Questions	15
Besoins	16
Comment demander la direction	18
Affiches, Pancartes	20
Transport - Phrases générales	22
Acheter un billet	24
L'autobus	26
Train	28
Sur le train - Dialogue (Pas de billet)	29
Taxi	30
Hôtel	32
Restaurant	35
Shopping. Faire les Magasins	37
En ville	39
L'argent	41

Le temps	43
Salutations - Introductions	45
Les adieux	47
Une langue étrangère	49
Les excuses	50
Les accords	51
Refus, exprimer le doute	52
Exprimer la gratitude	54
Félicitations. Vœux de fête	56
Socialiser	57
Partager des impressions. Émotions	60
Problèmes. Accidents	62
Problèmes de santé	65
À la pharmacie	68
Les essentiels	70

T&P Books Publishing

Les essentiels

Excusez-moi, ...	**Przepraszam, ...** [pʃɛ'praʃam, ...]
Bonjour	**Witam.** ['vʲitam]
Merci	**Dziękuję.** [dʑiɛŋ'kujɛ]
Au revoir	**Do widzenia.** [dɔ vʲi'dzɛɲa]
Oui	**Tak.** [tak]
Non	**Nie.** [ɲɛ]
Je ne sais pas.	**Nie wiem.** [ɲɛ 'vʲɛm]
Où? | Où? | Quand?	**Gdzie? | Dokąd? | Kiedy?** [gdʑɛ? | 'dɔkɔnt? | 'kʲɛdi?]

J'ai besoin de ...	**Potrzebuję ...** [pɔtʃɛ'bujɛ ...]
Je veux ...	**Chcę ...** ['xtsɛ ...]
Avez-vous ...?	**Czy jest ...?** [tʃi 'jɛst ...?]
Est-ce qu'il y a ... ici?	**Czy jest tutaj ...?** [tʃi 'jɛst 'tutaj ...?]
Puis-je ...?	**Czy mogę ...?** [tʃi 'mɔgɛ ...?]
s'il vous plaît (pour une demande)	**..., poproszę** [..., pɔ'prɔʃɛ]

Je cherche ...	**Szukam ...** ['ʃukam ...]
les toilettes	**toalety** [tɔa'lɛti]
un distributeur	**bankomatu** [bankɔ'matu]
une pharmacie	**apteki** [a'ptɛkʲi]
l'hôpital	**szpitala** [ʃpʲi'tala]
le commissariat de police	**komendy policji** [kɔ'mɛndɨ pɔ'ʎitsji]
une station de métro	**metra** ['mɛtra]

un taxi	**taksówki** [ta'ksufkʲi]
la gare	**dworca kolejowego** ['dvɔrtsa kɔlɛjɔ'vɛgɔ]

Je m'appelle ...	**Mam na imię ...** [mam na 'imʲiɛ ...]
Comment vous appelez-vous?	**Jak pan /pani/ ma na imię?** ['jak pan /'paɲi/ ma na 'imʲiɛ?]
Aidez-moi, s'il vous plaît.	**Czy może pan /pani/ mi pomóc?** [tʃɨ 'mɔʒɛ pan /'paɲi/ mʲi 'pomuts?]
J'ai un problème.	**Mam problem.** [mam 'prɔblɛm]
Je ne me sens pas bien.	**Źle się czuję.** [ʑlɛ ɕiɛ 'tʃujɛ]
Appelez une ambulance!	**Proszę wezwać karetkę!** ['prɔʃɛ 'vɛzvatɕ ka'rɛtkɛ!]
Puis-je faire un appel?	**Czy mogę zadzwonić?** [tʃɨ 'mɔgɛ za'dzvɔɲitɕ?]

Excusez-moi.	**Przepraszam.** [pʃɛ'praʃam]
Je vous en prie.	**Proszę bardzo.** ['prɔʃɛ 'bardzɔ]

je, moi	**ja** ['ja]
tu, toi	**ty** ['tɨ]
il	**on** [ɔn]
elle	**ona** ['ɔna]
ils	**oni** ['ɔɲi]
elles	**one** ['ɔnɛ]
nous	**my** ['mɨ]
vous	**wy** ['vɨ]
Vous	**pan /pani/** [pan /'paɲi/]

ENTRÉE	**WEJŚCIE** ['vɛjɕtɕɛ]
SORTIE	**WYJŚCIE** ['vɨjɕtɕɛ]
HORS SERVICE	EN PANNE	**NIECZYNNY** [ɲɛ'tʃɨnnɨ]
FERMÉ	**ZAMKNIĘTE** [za'mkɲiɛntɛ]

OUVERT **OTWARTE**
[ɔ'tfartɛ]

POUR LES FEMMES **PANIE**
['paɲɛ]

POUR LES HOMMES **PANOWIE**
[pa'nɔvʲɛ]

Questions

Où? (lieu)	**Gdzie?** [gdʑɛ?]
Où? (direction)	**Dokąd?** ['dɔkɔnt?]
D'où?	**Skąd?** ['skɔnt?]
Pourquoi?	**Dlaczego?** [dla'tʃɛgɔ?]
Pour quelle raison?	**Dlaczego?** [dla'tʃɛgɔ?]
Quand?	**Kiedy?** ['kʲɛdˈi?]

Combien de temps?	**Jak długo?** ['jag 'dwugɔ?]
À quelle heure?	**O której godzinie?** [ɔ 'kturɛj gɔ'dʑiɲɛ?]
C'est combien?	**Ile kosztuje?** ['ilɛ kɔ'ʃtujɛ?]
Avez-vous …?	**Czy jest …?** [tʃɨ 'jɛst …?]
Où est …, s'il vous plaît?	**Gdzie jest …?** [gdʑɛ 'jɛst …?]

Quelle heure est-il?	**Która godzina?** ['ktura gɔ'dʑina?]
Puis-je faire un appel?	**Czy mogę zadzwonić?** [tʃɨ 'mɔgɛ za'dzvɔɲitɕ?]
Qui est là?	**Kto tam?** [ktɔ tam?]
Puis-je fumer ici?	**Czy mogę tu zapalić?** [tʃɨ 'mɔgɛ tu za'paʎitɕ?]
Puis-je …?	**Czy mogę …?** [tʃɨ 'mɔgɛ …?]

Besoins

Je voudrais …	**Chciałbym /Chciałabym/** … ['xtɕawbim /xtɕa'wabim/ …]
Je ne veux pas …	**Nie chcę** … [ɲɛ 'xtsɛ …]
J'ai soif.	**Jestem spragniony /spragniona/.** ['jɛstɛm spra'gɲɔni /spra'gɲɔna/]
Je veux dormir.	**Chce mi się spać.** ['xtsɛ mʲi ɕɛ 'spatɕ]

Je veux …	**Chcę** … ['xtsɛ …]
me laver	**umyć się** ['umitɕ ɕɛ]
brosser mes dents	**umyć zęby** ['umitɕ 'zɛmbi]
me reposer un instant	**trochę odpocząć** ['trɔxɛ ɔ'tpɔtʃɔntɕ]
changer de vêtements	**zmienić ubranie** ['zmʲɛɲitɕ u'braɲɛ]

retourner à l'hôtel	**wrócić do hotelu** ['vrutɕitɕ dɔ xɔ'tɛlu]
acheter …	**kupić** … ['kupʲitɕ …]
aller à …	**iść** … ['iɕtɕ …]
visiter …	**odwiedzić** … [ɔ'dvʲɛdzitɕ …]
rencontrer …	**spotkać się z** … ['spɔtkatɕ ɕɛ s …]
faire un appel	**zadzwonić** [za'dzvɔɲitɕ]

Je suis fatigué /fatiguée/	**Jestem zmęczony /zmęczona/.** ['jɛstɛm zmɛ'ntʃɔni /zmɛ'ntʃɔna/]
Nous sommes fatigués /fatiguées/	**Jesteśmy zmęczeni /zmęczone/.** [jɛs'tɛɕmi zmɛ'ntʃɛɲi /zmɛ'ntʃɔnɛ/]
J'ai froid.	**Jest mi zimno.** ['jɛst mʲi 'ʑimnɔ]
J'ai chaud.	**Jest mi gorąco.** ['jɛst mʲi gɔ'rɔntsɔ]
Je suis bien.	**W porządku.** [f pɔ'ʒɔntku]

Il me faut faire un appel.

J'ai besoin d'aller aux toilettes.

Il faut que j'aille.

Je dois partir maintenant.

Muszę zadzwonić.
['muʃɛ za'dzvɔɲitɕ]

Muszę iść do toalety.
['muʃɛ 'iɕtɕ dɔ tɔa'lɛti]

Muszę iść.
['muʃɛ 'iɕtɕ]

Muszę już iść.
['muʃɛ 'juʒ 'iɕtɕ]

Comment demander la direction

Excusez-moi, ...

Przepraszam, ...
[pʃɛ'praʃam, ...]

Où est ..., s'il vous plaît?

Gdzie jest ...?
[gdʑɛ 'jɛst ...?]

Dans quelle direction est ...?

W którą stronę jest ...?
[f 'kturɔ̃ 'strɔnɛ 'jɛst ...?]

Pouvez-vous m'aider, s'il vous plaît?

Czy może pan /pani/ mi pomóc?
[tʃi 'mɔʒɛ pan /'paɲi/ mʲi 'pɔmuts?]

Je cherche ...

Szukam ...
['ʃukam ...]

La sortie, s'il vous plaît?

Szukam wyjścia.
['ʃukam 'vijɕtɕa]

Je vais à ...

Jadę do ...
['jadɛ dɔ ...]

C'est la bonne direction pour ...?

Czy idę w dobrym kierunku do ...?
[tʃi 'idɛ v 'dɔbrim kʲɛ'runku 'dɔ ...?]

C'est loin?

Czy to daleko?
[tʃi tɔ da'lɛkɔ?]

Est-ce que je peux y aller à pied?

Czy mogę tam dojść pieszo?
[tʃi 'mɔgɛ tam 'dɔjɕtɕ 'pʲɛʃɔ?]

Pouvez-vous me le montrer sur la carte?

Czy może mi pan /pani/ pokazać na mapie?
[tʃi 'mɔʒɛ mʲi pan /'paɲi/ pɔ'kazatɕ na 'mapʲɛ?]

Montrez-moi où sommes-nous, s'il vous plaît.

Proszę mi pokazać gdzie teraz jesteśmy.
['prɔʃɛ mʲi pɔ'kazatɕ gdʑɛ 'tɛras jɛ'stɛɕmi]

Ici

Tutaj
['tutaj]

Là-bas

Tam
[tam]

Par ici

Tędy
['tɛndi]

Tournez à droite.

Należy skręcić w prawo.
[na'lɛʒi 'skrɛntɕitɕ f 'pravɔ]

Tournez à gauche.

Należy skręcić w lewo.
[na'lɛʒi 'skrɛntɕitɕ v 'lɛvɔ]

Prenez la première (deuxième, troisième) rue.

pierwszy (drugi, trzeci) skręt
['pʲɛrfʃi ('drugi, 'tʃɛtɕi) 'skrɛnt]

à droite

w prawo
[f 'pravɔ]

à gauche

w lewo
[v 'lɛvɔ]

Continuez tout droit.

Proszę iść prosto.
['prɔʃɛ 'iɕtɕ 'prɔstɔ]

Affiches, Pancartes

BIENVENUE!	**WITAMY!** [vʲi'tamɨ!]
ENTRÉE	**WEJŚCIE** ['vɛjɕtɕɛ]
SORTIE	**WYJŚCIE** ['vɨjɕtɕɛ]

POUSSEZ	**PCHAĆ** ['pxatɕ]
TIREZ	**CIĄGNĄĆ** ['tɕiɔŋgnɔntɕ]
OUVERT	**OTWARTE** [ɔ'tfartɛ]
FERMÉ	**ZAMKNIĘTE** [za'mkɲiɛntɛ]

POUR LES FEMMES	**PANIE** ['paɲɛ]
POUR LES HOMMES	**PANOWIE** [pa'nɔvʲɛ]
MESSIEURS (M)	**TOALETA MĘSKA** [tɔa'lɛta 'mɛ̃ska]
FEMMES (F)	**TOALETA DAMSKA** [tɔa'lɛta 'damska]

RABAIS | SOLDES	**ZNIŻKI** ['zɲiʃkʲi]
PROMOTION	**WYPRZEDAŻ** [vɨ'pʃɛdaʒ]
GRATUIT	**ZA DARMO** [za 'darmɔ]
NOUVEAU!	**NOWOŚĆ!** ['nɔvɔɕtɕ!]
ATTENTION!	**UWAGA!** [u'vaga!]

COMPLET	**BRAK WOLNYCH MIEJSC** ['brag 'vɔlnix 'mʲɛjsts]
RÉSERVÉ	**REZERWACJA** [rɛzɛ'rvatsja]
ADMINISTRATION	**ADMINISTRACJA** [admʲiɲi'stratsja]
PERSONNEL SEULEMENT	**TYLKO DLA PERSONELU** ['tɨlkɔ 'dla pɛrsɔ'nɛlu]

ATTENTION AU CHIEN! | **UWAGA PIES**
[u'vaga 'pʲɛs]

NE PAS FUMER! | **ZAKAZ PALENIA**
['zakas pa'lɛɲa]

NE PAS TOUCHER! | **NIE DOTYKAĆ!**
[ɲɛ dɔ'tikatɕ!]

DANGEREUX | **NIEBEZPIECZNE**
[ɲɛbɛ'spʲɛtʃnɛ]

DANGER | **NIEBEZPIECZEŃSTWO**
[ɲɛbɛspʲɛ'tʃɛɲstfɔ]

HAUTE TENSION | **WYSOKIE NAPIĘCIE**
[vɨ'sɔkʲɛ na'pʲiɛntɕɛ]

BAIGNADE INTERDITE! | **ZAKAZ PŁYWANIA**
['zakas pwɨ'vaɲa]

HORS SERVICE | EN PANNE | **NIECZYNNY**
[ɲɛ'tʃɨnnɨ]

INFLAMMABLE | **ŁATWOPALNY**
[watfɔ'palnɨ]

INTERDIT | **ZABRONIONE**
[zabrɔ'ɲɔnɛ]

ENTRÉE INTERDITE! | **WSTĘP WZBRONIONY!**
['fstɛmb vzbrɔ'ɲɔnɨ!]

PEINTURE FRAÎCHE | **ŚWIEŻO MALOWANE**
['ɕvʲɛʒɔ malɔ'vanɛ]

FERMÉ POUR TRAVAUX | **ZAMKNIĘTE NA CZAS REMONTU**
[za'mkɲiɛntɛ na 'tʃaz rɛ'mɔntu]

TRAVAUX EN COURS | **ROBOTY DROGOWE**
[rɔ'bɔtɨ drɔ'gɔvɛ]

DÉVIATION | **OBJAZD**
['ɔbjazt]

Transport - Phrases générales

avion	**samolot** [sa'mɔlɔt]
train	**pociąg** ['pɔtɕiɔŋk]
bus, autobus	**autobus** [aw'tɔbus]
ferry	**prom** ['prɔm]
taxi	**taksówka** [ta'ksufka]
voiture	**samochód** [sa'mɔxut]
horaire	**rozkład jazdy | rozkład lotów** ['rɔskwat 'jazdɨ | 'rɔskwat 'lɔtuf]
Où puis-je voir l'horaire?	**Gdzie znajdę rozkład jazdy?** [gdʑɛ 'znajdɛ 'rɔskwat 'jazdɨ?]
jours ouvrables	**dni robocze** ['dɲi rɔ'bɔtʃɛ]
jours non ouvrables	**weekend** [vɛ'ɛkɛnt]
jours fériés	**święta** ['ɕvʲiɛnta]
DÉPART	**WYJAZDY | PRZYLOTY** [vɨ'jazdɨ | pʃɨ'lɔti]
ARRIVÉE	**PRZYJAZDY | ODLOTY** [pʃɨ'jazdɨ | ɔ'dlɔti]
RETARDÉE	**OPÓŹNIONY** [ɔpu'ʑɲɔni]
ANNULÉE	**ODWOŁANY** [ɔdvɔ'wani]
prochain (train, etc.)	**następny** [na'stɛmpni]
premier	**pierwszy** ['pʲɛrfʃɨ]
dernier	**ostatni** [ɔ'statɲi]
À quelle heure est le prochain ...?	**O której jest następny ...?** [ɔ 'kturɛj 'jɛst na'stɛmpni ...?]
À quelle heure est le premier ...?	**O której jest pierwszy ...?** [ɔ 'kturɛj 'jɛst 'pʲɛrfʃɨ ...?]

À quelle heure est le dernier …?

O której jest ostatni …?
[ɔ 'kturɛj 'jɛst ɔ'statɲi …?]

correspondance

przesiadka
[pʃɛ'ɕatka]

prendre la correspondance

przesiąść się
['pʃɛɕiɔ̃ɕtɕ ɕiɛ]

Dois-je prendre la correspondance?

Czy muszę się przesiadać?
[tʃɨ 'muʃɛ ɕiɛ pʃɛ'ɕadatɕ?]

Acheter un billet

Où puis-je acheter des billets?	**Gdzie mogę kupić bilety?** [gdʑɛ 'mɔgɛ 'kupʲitɕ bʲi'lɛti?]
billet	**bilet** ['bʲilɛt]
acheter un billet	**kupić bilet** ['kupʲitɕ 'bʲilɛt]
le prix d'un billet	**cena biletu** ['tsɛna bʲi'lɛtu]

Pour aller où?	**Dokąd?** ['dɔkɔnt?]
Quelle destination?	**Do której stacji?** [dɔ 'kturɛj 'statsji?]
Je voudrais ...	**Poproszę ...** [pɔ'prɔʃɛ ...]
un billet	**jeden bilet** ['jɛdɛn 'bʲilɛt]
deux billets	**dwa bilety** ['dva bʲi'lɛti]
trois billets	**trzy bilety** [tʃɨ bʲi'lɛti]

aller simple	**w jedną stronę** [f 'jɛdnɔ̃ 'strɔnɛ]
aller-retour	**w obie strony** [v 'ɔbʲɛ 'strɔni]
première classe	**pierwsza klasa** ['pʲɛrfʃa 'klasa]
classe économique	**druga klasa** ['druga 'klasa]

aujourd'hui	**dzisiaj** ['dʑiɕaj]
demain	**jutro** ['jutrɔ]
après-demain	**pojutrze** [pɔ'jutʃɛ]
dans la matinée	**rano** ['ranɔ]
l'après-midi	**po południu** [pɔ pɔ'wudɲu]
dans la soirée	**wieczorem** [vʲɛ'tʃɔrɛm]

siège côté couloir

miejsce przy przejściu
['mʲɛjstsɛ pʃɨ 'pʃɛjɕtɕu]

siège côté fenêtre

miejsce przy oknie
['mʲɛjstsɛ pʃɨ 'ɔkɲɛ]

C'est combien?

Ile kosztuje?
['ilɛ kɔ'ʃtujɛ?]

Puis-je payer avec la carte?

Czy mogę zapłacić kartą?
[ʧɨ 'mɔgɛ za'pwatɕitɕ 'kartɔ̃?]

L'autobus

bus, autobus	**autobus** [aw'tɔbus]
autocar	**autobus międzymiastowy** [aw'tɔbus mʲiɛndzimʲa'stɔvɨ]
arrêt d'autobus	**przystanek autobusowy** [pʃɨ'stanɛk awtɔbu'sɔvɨ]
Où est l'arrêt d'autobus le plus proche?	**Gdzie jest najbliższy przystanek autobusowy?** [gdʑɛ 'jɛst najb'ʎiʃʂɨ pʃɨ'stanɛk awtɔbu'sɔvɨ?]

numéro	**numer** ['numɛr]
Quel bus dois-je prendre pour aller à …?	**Którym autobusem dojadę do …?** ['kturɨm awtɔ'busɛm dɔ'jadɛ dɔ …?]
Est-ce que ce bus va à …?	**Czy ten autobus jedzie do …?** [tʃɨ 'tɛn aw'tɔbus 'jɛdʑɛ dɔ …?]
L'autobus passe tous les combien?	**Jak często jeżdżą autobusy?** ['jak 'tʃɛ̃stɔ 'jɛʒdʒɔ̃ awtɔ'busɨ?]

chaque quart d'heure	**co piętnaście minut** ['tsɔ pʲiɛ'ntnaɕtɕɛ 'mʲinut]
chaque demi-heure	**co pół godziny** ['tsɔ 'puw gɔ'dʑinɨ]
chaque heure	**co godzinę** ['tsɔ gɔ'dʑinɛ]
plusieurs fois par jour	**kilka razy dziennie** ['kʲilka 'razɨ 'dʑɛnɲɛ]
… fois par jour	**… razy dziennie** [… 'razɨ 'dʑɛnɲɛ]

horaire	**rozkład jazdy** ['rɔskwat 'jazdɨ]
Où puis-je voir l'horaire?	**Gdzie znajdę rozkład jazdy?** [gdʑɛ 'znajdɛ 'rɔskwat 'jazdɨ?]

À quelle heure passe le prochain bus?	**O której jest następny autobus?** [ɔ 'kturɛj 'jɛst na'stɛmpnɨ aw'tɔbus?]
À quelle heure passe le premier bus?	**O której jest pierwszy autobus?** [ɔ 'kturɛj 'jɛst 'pʲɛrfʂɨ aw'tɔbus?]
À quelle heure passe le dernier bus?	**O której jest ostatni autobus?** [ɔ 'kturɛj 'jɛst ɔ'statɲi aw'tɔbus?]
arrêt	**przystanek** [pʃɨ'stanɛk]

prochain arrêt

następny przystanek
[na'stɛmpnɨ pʃɨ'stanɛk]

terminus

ostatni przystanek
[ɔ'statɲi pʃɨ'stanɛk]

Pouvez-vous arrêter ici, s'il vous plaît.

Proszę się tu zatrzymać.
['prɔʃɛ ɕiɛ tu za'tʂɨmatɕ]

Excusez-moi, c'est mon arrêt.

Przepraszam, to mój przystanek.
[pʃɛ'praʃam, tɔ muj pʃɨ'stanɛk]

Train

train	**pociąg** ['pɔtɕiɔŋk]
train de banlieue	**kolejka** [kɔ'lɛjka]
train de grande ligne	**pociąg dalekobieżny** ['pɔtɕiɔŋk dalɛkɔ'biɛʒnɨ]
la gare	**dworzec kolejowy** ['dvɔʒɛts kɔlɛ'jɔvɨ]
Excusez-moi, où est la sortie vers les quais?	**Przepraszam, gdzie jest wyjście z peronu?** [pʃɛ'praʃam, gdʑɛ 'jɛsd 'vɨjɕtɕɛ s pɛ'rɔnu?]

Est-ce que ce train va à ...?	**Czy ten pociąg jedzie do ...?** [tʃɨ 'tɛn 'pɔtɕiɔŋk 'jɛdʑɛ dɔ ...?]
le prochain train	**następny pociąg** [na'stɛmpnɨ 'pɔtɕiɔŋk]
À quelle heure est le prochain train?	**O której jest następny pociąg?** [ɔ 'kturɛj 'jɛst na'stɛmpnɨ 'pɔtɕiɔŋk?]
Où puis-je voir l'horaire?	**Gdzie znajdę rozkład jazdy?** [gdʑɛ 'znajdɛ 'rɔskwat 'jazdɨ?]
De quel quai?	**Z którego peronu?** [s ktu'rɛgɔ pɛ'rɔnu?]
À quelle heure arrive le train à ...?	**O której ten pociąg dojeżdża do ...?** [ɔ 'kturɛj 'tɛn 'pɔtɕiɔŋk dɔ'jɛʒdʒa dɔ ...?]

Pouvez-vous m'aider, s'il vous plaît?	**Proszę mi pomóc.** ['prɔʃɛ mʲi 'pɔmuts]
Je cherche ma place.	**Szukam swojego miejsca.** ['ʃukam sfɔ'jɛgɔ 'mʲɛjstsa]
Nous cherchons nos places.	**Szukamy naszych miejsc.** [ʃu'kamɨ 'naʃix 'mʲɛjsts]
Ma place est occupée.	**Moje miejsce jest zajęte.** ['mɔjɛ 'mʲɛjstsɛ 'jɛsd za'jɛntɛ]
Nos places sont occupées.	**Nasze miejsca są zajęte.** ['naʃɛ 'mʲɛjstsa 'sɔ̃ za'jɛntɛ]

Excusez-moi, mais c'est ma place.	**Przykro mi ale to moje miejsce.** ['pʃɨkrɔ mʲi 'alɛ tɔ 'mɔjɛ 'mʲɛjstsɛ]
Est-ce que cette place est libre?	**Czy to miejsce jest zajęte?** [tʃɨ tɔ 'mʲɛjstsɛ 'jɛsd za'jɛntɛ?]
Puis-je m'asseoir ici?	**Czy mogę tu usiąść?** [tʃɨ 'mɔgɛ tu 'uɕiɔ̃ɕtɕ?]

Sur le train - Dialogue (Pas de billet)

Votre billet, s'il vous plaît.

Bilety, proszę.
[biʲˈlɛtɨ, ˈprɔʃɛ]

Je n'ai pas de billet.

Nie mam biletu.
[ɲɛ ˈmam biʲˈlɛtu]

J'ai perdu mon billet.

Zgubiłem bilet.
[zguˈbʲiwɛm ˈbʲilɛt]

J'ai oublié mon billet à la maison.

Zostawiłem bilet w domu.
[zɔstaˈvʲiwɛm ˈbʲilɛt v ˈdɔmu]

Vous pouvez m'acheter un billet.

Może pan /pani/ kupić bilet ode mnie.
[ˈmɔʒɛ pan /ˈpaɲi/ ˈkupʲitɕ ˈbʲilɛt ˈɔdɛ ˈmɲɛ]

Vous devrez aussi payer une amende.

Będzie pan musiał /pani musiała/ również zapłacić mandat.
[ˈbɛndʑɛ pan ˈmuɕaw /ˈpaɲi muˈɕawa/ ˈruvɲɛʒ zaˈpwatɕitɕ ˈmandat]

D'accord.

Dobrze.
[ˈdɔbʒɛ]

Où allez-vous?

Dokąd pan /pani/ jedzie?
[ˈdɔkɔnt pan /ˈpaɲi/ ˈjɛdʑɛ?]

Je vais à …

Jadę do …
[ˈjadɛ dɔ …]

Combien? Je ne comprend pas.

Ile kosztuje? Nie rozumiem.
[ˈilɛ kɔˈʃtujɛ? ɲɛ rɔˈzumʲɛm]

Pouvez-vous l'écrire, s'il vous plaît.

Czy może pan /pani/ to napisać?
[tʃɨ ˈmɔʒɛ pan /ˈpaɲi/ tɔ naˈpʲisatɕ?]

D'accord. Puis-je payer avec la carte?

Dobrze. Czy mogę zapłacić kartą?
[ˈdɔbʒɛ. tʃɨ ˈmɔgɛ zaˈpwatɕitɕ ˈkartɔ̃?]

Oui, bien sûr.

Tak, można.
[tak, ˈmɔʒna]

Voici votre reçu.

Oto pański /pani/ rachunek.
[ˈɔtɔ ˈpaɲskʲi /ˈpaɲi/ raˈxunɛk]

Désolé pour l'amende.

Przykro mi z powodu mandatu.
[ˈpʃɨkrɔ mʲi s pɔˈvɔdu maˈndatu]

Ça va. C'est de ma faute.

W porządku. To moja wina.
[f pɔˈʒɔntku. tɔ ˈmɔja ˈvʲina]

Bon voyage.

Miłej podróży.
[ˈmʲiwɛj pɔˈdruʒɨ]

Taxi

taxi	**taksówka** [ta'ksufka]
chauffeur de taxi	**taksówkarz** [ta'ksufkaʃ]
prendre un taxi	**złapać taksówkę** ['zwapatɕ ta'ksufkɛ]
arrêt de taxi	**postój taksówek** ['postuj ta'ksuvɛk]
Où puis-je trouver un taxi?	**Gdzie mogę wziąć taksówkę?** [gdʑɛ 'mɔgɛ vʑi'ɔtɕ ta'ksufkɛ?]
appeler un taxi	**zadzwonić po taksówkę** [za'dzvɔɲitɕ pɔ ta'ksufkɛ]
Il me faut un taxi.	**Potrzebuję taksówkę.** [pɔtʃɛ'bujɛ ta'ksufkɛ]
maintenant	**Jak najszybciej.** ['jak na'jʃiptɕɛj]
Quelle est votre adresse?	**Skąd pana /pania/ odebrać?** ['skɔnt 'pana /'paɲiɔ̃/ ɔ'dɛbratɕ?]
Mon adresse est ...	**Mój adres to ...** [muj 'adrɛs tɔ ...]
Votre destination?	**Dokąd pan /pani/ chce jechać?** ['dɔkɔnt pa'n /paɲi/ 'xtsɛ 'jɛxatɕ?]
Excusez-moi, ...	**Przepraszam, ...** [pʃɛ'praʃam, ...]
Vous êtes libre?	**Czy jest pan wolny?** [tʃi 'jɛst pan 'vɔlni?]
Combien ça coûte pour aller à ...?	**Ile kosztuje przejazd do ...?** ['ilɛ kɔ'ʃtujɛ 'pʃɛjazd dɔ ...?]
Vous savez où ça se trouve?	**Wie pan /pani/ gdzie to jest?** ['vʲɛ pan /'paɲi/ gdʑɛ tɔ 'jɛst?]
À l'aéroport, s'il vous plaît.	**Na lotnisko, proszę.** [na lɔt'ɲiskɔ, 'prɔʃɛ]
Arrêtez ici, s'il vous plaît.	**Proszę się tu zatrzymać.** ['prɔʃɛ ɕɛ tu za'tʃimatɕ]
Ce n'est pas ici.	**To nie tutaj.** [tɔ ɲɛ 'tutaj]
C'est la mauvaise adresse.	**To zły adres.** [tɔ 'zwɨ 'adrɛs]
tournez à gauche	**Proszę skręcić w lewo.** ['prɔʃɛ 'skrɛntɕitɕ v 'lɛvɔ]
tournez à droite	**Proszę skręcić w prawo.** ['prɔʃɛ 'skrɛntɕitɕ f 'pravɔ]

Combien je vous dois?

Ile płacę?
['ilɛ 'pwatsɛ?]

J'aimerais avoir un reçu, s'il vous plaît.

Poproszę rachunek.
[pɔ'prɔʃɛ ra'xunɛk]

Gardez la monnaie.

Proszę zachować resztę.
['prɔʃɛ za'xɔvatɕ 'rɛʃtɛ]

Attendez-moi, s'il vous plaît …

**Czy może pan /pani/
na mnie poczekać?**
[ʧi 'mɔʒɛ pan /'paɲi/
na mɲɛ pɔ'ʧɛkatɕ?]

cinq minutes

pięć minut
['pʲiɛntɕ 'mʲinut]

dix minutes

dziesięć minut
['dzɛɕiɛntɕ 'mʲinut]

quinze minutes

piętnaście minut
[pʲiɛ'ntnaɕtɕɛ 'mʲinut]

vingt minutes

dwadzieścia minut
[dva'dzɛɕtɕa 'mʲinut]

une demi-heure

pół godziny
['puw gɔ'dzʲiɲi]

Hôtel

Bonjour.	**Witam.** ['vʲitam]
Je m'appelle ...	**Mam na imię ...** [mam na 'imʲiɛ ...]
J'ai réservé une chambre.	**Mam rezerwację.** [mam rɛzɛ'rvatsjɛ]

Je voudrais ...	**Potrzebuję ...** [pɔtʃɛ'bujɛ ...]
une chambre simple	**pojedynczy pokój** [pɔjɛ'dɨntʃɨ 'pɔkuj]
une chambre double	**podwójny pokój** [pɔ'dvujnɨ 'pɔkuj]
C'est combien?	**Ile to kosztuje?** ['ilɛ tɔ kɔ'ʃtujɛ?]
C'est un peu cher.	**To trochę za drogo.** [tɔ 'trɔxɛ za 'drɔgɔ]

Avez-vous autre chose?	**Czy są inne pokoje?** [tʃɨ 'sɔ̃ 'innɛ pɔ'kɔjɛ?]
Je vais la prendre.	**Wezmę ten.** ['vɛzmɛ 'tɛn]
Je vais payer comptant.	**Zapłacę gotówką.** [za'pwatsɛ gɔ'tufkɔ̃]

J'ai un problème.	**Mam problem.** [mam 'prɔblɛm]
Mon ... est cassé /Ma ... est cassée/	**... jest zepsuty /zepsuta/.** [... 'jɛsd zɛ'psutɨ /zɛ'psuta/.]
Mon /Ma/ ... ne fonctionne pas.	**... jest nieczynny /nieczynna/.** [... 'jɛst ɲɛ'tʃɨnnɨ /ɲɛ'tʃɨnna/.]
télé	**Mój telewizor ...** [muj tɛlɛ'vʲizɔr ...]
air conditionné	**Moja klimatyzacja ...** ['mɔja kʎimatɨ'zatsja ...]
robinet	**Mój kran ...** [muj 'kran ...]

douche	**Mój prysznic ...** [muj 'prɨʃɲits ...]
évier	**Mój zlew ...** [muj 'zlɛf ...]
coffre-fort	**Mój sejf ...** [muj 'sɛjf ...]

serrure de porte	**Mój zamek ...** [muj 'zamɛk ...]
prise électrique	**Moje gniazdko elektryczne ...** ['mɔjɛ 'gɲaztkɔ ɛlɛ'ktritʃnɛ ...]
sèche-cheveux	**Moja suszarka ...** ['mɔja su'ʃarka ...]

Je n'ai pas ...	**Nie mam ...** [ɲɛ 'mam ...]
d'eau	**wody** ['vɔdɨ]
de lumière	**światła** ['ɕvʲatwa]
d'électricité	**prądu** ['prɔndu]

Pouvez-vous me donner ...?	**Czy może mi pan /pani/ przynieść ...?** [tʃɨ 'mɔʒɛ mʲi pan /'paɲi/ 'pʃɨɲɛɕtɕ ...?]
une serviette	**ręcznik** ['rɛntʃnik]
une couverture	**koc** ['kɔts]
des pantoufles	**kapcie** ['kaptɕɛ]
une robe de chambre	**szlafrok** ['ʃlafrɔk]
du shampoing	**szampon** ['ʃampɔn]
du savon	**mydło** ['mɨdwɔ]

Je voudrais changer ma chambre.	**Chciałbym /chciałabym/ zmienić pokój.** ['xtɕawbɨm /xtɕa'wabɨm/ 'zmʲɛɲitɕ 'pɔkuj]
Je ne trouve pas ma clé.	**Nie mogę znaleźć mojego klucza.** [ɲɛ 'mɔgɛ 'znalɛɕtɕ mɔ'jɛgɔ 'klutʃa]
Pourriez-vous ouvrir ma chambre, s'il vous plaît?	**Czy może pani otworzyć mój pokój?** [tʃɨ 'mɔʒɛ 'paɲi ɔ'tfɔʒɨtɕ muj 'pɔkuj?]
Qui est là?	**Kto tam?** [ktɔ tam?]

Entrez!	**Proszę wejść!** ['prɔʃɛ 'vɛjɕtɕ!]
Une minute!	**Chwileczkę!** [xvʲi'lɛtʃkɛ!]
Pas maintenant, s'il vous plaît.	**Nie teraz, proszę.** [ɲɛ 'tɛras, 'prɔʃɛ]
Pouvez-vous venir à ma chambre, s'il vous plaît.	**Proszę wejść do mojego pokoju.** ['prɔʃɛ 'vɛjɕtɕ dɔ mɔ'jɛgɔ pɔ'kɔju]

J'aimerais avoir le service d'étage.

Chciałbym /chciałabym/ zamówić posiłek do pokoju.
['xtɕawbɨm /xtɕa'wabɨm/ za'muvʲitɕ po'ɕiwɛg dɔ pɔ'kɔju]

Mon numéro de chambre est le ...

Mój numer pokoju to ...
[muj 'numɛr pɔ'kɔju tɔ ...]

Je pars ...

Wyjeżdżam ...
[vɨ'jɛʒdʒam ...]

Nous partons ...

Wyjeżdżamy ...
[vɨjɛ'ʒdʒamɨ ...]

maintenant

jak najszybciej
['jak na'jʂɨptɕɛj]

cet après-midi

po południu
[pɔ pɔ'wudɲu]

ce soir

dziś wieczorem
['dʑiɕ vʲɛ'tʂɔrɛm]

demain

jutro
['jutrɔ]

demain matin

jutro rano
['jutrɔ 'ranɔ]

demain après-midi

jutro wieczorem
['jutrɔ vʲɛ'tʂɔrɛm]

après-demain

pojutrze
[pɔ'jutʂɛ]

Je voudrais régler mon compte.

Chciałbym zapłacić.
['xtɕawbɨm za'pwatɕitɕ]

Tout était merveilleux.

Wszystko było wspaniałe.
[fʂɨstkɔ 'bɨwɔ fspa'ɲawɛ]

Où puis-je trouver un taxi?

Gdzie mogę wziąć taksówkę?
[gdʑɛ 'mɔgɛ vʑi'ɔ̃tɕ ta'ksufkɛ?]

Pourriez-vous m'appeler un taxi, s'il vous plaît?

Czy może pan /pani/ wezwać dla mnie taksówkę?
[tʂɨ 'mɔʒɛ pan /'paɲi/ 'vɛzvatɕ 'dla 'mɲɛ ta'ksufkɛ?]

Restaurant

Puis-je voir le menu, s'il vous plaît?	**Czy mogę prosić menu?** [tʃɨ 'mɔgɛ 'prɔɕitɕ 'mɛnu?]
Une table pour une personne.	**Stolik dla jednej osoby.** ['stɔʎig 'dla 'jɛdnɛj ɔ'sɔbɨ]
Nous sommes deux (trois, quatre).	**Jest nas dwoje (troje, czworo).** ['jɛst 'naz 'dvɔjɛ ('trɔjɛ, 'tʃvɔrɔ)]

Fumeurs	**Dla palących.** ['dla pa'lɔntsix]
Non-fumeurs	**Dla niepalących.** ['dla ɲɛpa'lɔntsix]
S'il vous plaît!	**Przepraszam!** [pʃɛ'praʃam!]
menu	**menu** ['mɛnu]
carte des vins	**lista win** ['ʎista 'vʲin]
Le menu, s'il vous plaît.	**Poproszę menu.** [pɔ'prɔʃɛ 'mɛnu]

Êtes-vous prêts à commander?	**Czy są Państwo gotowi?** [tʃɨ 'sɔ̃ 'paɲstfɔ gɔ'tɔvʲi?]
Qu'allez-vous prendre?	**Co Państwo zamawiają?** ['tsɔ 'paɲstfɔ zama'vʲajɔ̃?]
Je vais prendre …	**Zamawiam …** [za'mavʲam …]

Je suis végétarien.	**Jestem wegetarianinem /wegetarianką/.** ['jɛstɛm vɛgɛtaria'ɲinɛm /vɛgɛta'riankɔ̃/]
viande	**mięso** ['mʲiɛ̃sɔ]
poisson	**ryba** ['rɨba]
légumes	**warzywa** [va'ʒɨva]
Avez-vous des plats végétariens?	**Czy są dania wegetariańskie?** [tʃɨ 'sɔ̃ 'daɲa vɛgɛta'riaɲskʲɛ?]
Je ne mange pas de porc.	**Nie jadam wieprzowiny.** [ɲɛ 'jadam vʲɛpʃɔ'vʲinɨ]
Il /elle/ ne mange pas de viande.	**On /Ona/ nie je mięsa.** [ɔn /'ɔna/ ɲɛ 'jɛ 'mʲiɛ̃sa]

Je suis allergique à ...

Jestem uczulony /uczulona/ na ...
['jɛstɛm utʃu'lɔnɨ /utʃu'lɔna/ na ...]

Pourriez-vous m'apporter ...,
s'il vous plaît.

Czy może pan /pani/ przynieść mi ...
[tʃɨ 'mɔʒɛ pan /'paɲi/ 'pʃɨɲɛɕtɕ mʲi ...]

le sel | le poivre | du sucre

sól | pieprz | cukier
['suʎ | 'pʲɛpʃ | 'tsukʲɛr]

un café | un thé | un dessert

kawa | herbata | deser
['kava | xɛ'rbata | 'dɛsɛr]

de l'eau | gazeuse | plate

woda | gazowana | bez gazu
['vɔda | gazɔ'vana | 'bɛz 'gazu]

une cuillère | une fourchette | un couteau

łyżka | widelec | nóż
['wiʃka | vʲi'dɛlɛts | 'nuʒ]

une assiette | une serviette

talerz | serwetka
['talɛʃ | sɛr'vɛtka]

Bon appétit!

Smacznego!
[sma'tʃnɛgɔ!]

Un de plus, s'il vous plaît.

Jeszcze raz poproszę.
['jɛʃtʃɛ 'ras pɔ'prɔʃɛ]

C'était délicieux.

To było pyszne.
[tɔ 'bɨwɔ 'pɨʃnɛ]

---

l'addition | de la monnaie | le pourboire

rachunek | drobne | napiwek
[ra'xunɛk | 'drɔbnɛ | na'pʲivɛk]

L'addition, s'il vous plaît.

Rachunek proszę.
[ra'xunɛk 'prɔʃɛ]

Puis-je payer avec la carte?

Czy mogę zapłacić kartą?
[tʃɨ 'mɔgɛ za'pwatɕitɕ 'kartɔ̃?]

Excusez-moi, je crois qu'il y a une
erreur ici.

Przykro mi, tu jest błąd.
['pʃikrɔ mʲi, tu 'jɛsd 'bwɔnt]

Shopping. Faire les Magasins

Est-ce que je peux vous aider?

W czym mogę pomóc?
[f 'tʃim 'mɔgɛ 'pɔmuts?]

Avez-vous ...?

Czy jest ...?
[tʃi 'jɛst ...?]

Je cherche ...

Szukam ...
['ʃukam ...]

Il me faut ...

Potrzebuję ...
[pɔtʃɛ'bujɛ ...]

Je regarde seulement, merci.

Tylko się rozglądam.
['tilkɔ ɕiɛ rɔ'zglɔndam]

Nous regardons seulement, merci.

Tylko się rozglądamy.
['tilkɔ ɕiɛ rɔzglɔn'dami]

Je reviendrai plus tard.

Wrócę później.
['vrutsɛ 'puʑɲɛj]

On reviendra plus tard.

Wrócimy później.
[vru'tɕimi 'puʑɲɛj]

Rabais | Soldes

zniżka | wyprzedaż
['zɲiʃka | vi'pʃɛdaʒ]

Montrez-moi, s'il vous plaît ...

Czy może mi pan /pani/ pokazać ...
[tʃi 'mɔʒɛ mʲi pan /'paɲi/ pɔ'kazatɕ ...]

Donnez-moi, s'il vous plaît ...

Czy może mi pan /pani/ dać ...
[tʃi 'mɔʒɛ mʲi pan /'paɲi/ datɕ ...]

Est-ce que je peux l'essayer?

Czy mogę przymierzyć?
[tʃi 'mɔgɛ pʃi'mʲɛʑitɕ?]

Excusez-moi, où est la cabine
d'essayage?

**Przepraszam,
gdzie jest przymierzalnia?**
[pʃɛ'praʃam,
gdʑɛ 'jɛst pʃimʲɛ'ʒalɲa?]

Quelle couleur aimeriez-vous?

Jaki kolor pan /pani/ sobie życzy?
['jakʲi 'kɔlɔr pan /'paɲi/ 'sɔbʲɛ 'ʒitʃi?]

taille | longueur

rozmiar | długość
['rɔzmʲar | 'dwugɔɕtɕ]

Est-ce que la taille convient?

Jak to leży?
['jak tɔ 'lɛʒi?]

Combien ça coûte?

Ile to kosztuje?
['ilɛ tɔ kɔ'ʃtujɛ?]

C'est trop cher.

To za drogo.
[tɔ za 'drɔgɔ]

Je vais le prendre.

Wezmę to.
['vɛzmɛ 'tɔ]

Excusez-moi, où est la caisse?

Przepraszam, gdzie mogę zapłacić?
[pʃɛ'praʃam, gdʑɛ 'mɔgɛ za'pwatɕitɕ?]

Payerez-vous comptant ou par carte de crédit?

Czy płaci pan /pani/ gotówką czy kartą?
[tʃi 'pwatɕi pan /'paɲi/ gɔ'tufkɔ̃ tʃi 'kartɔ̃?]

Comptant | par carte de crédit

Gotówką | kartą kredytową
[gɔ'tufkɔ̃ | 'kartɔ̃ krɛdɨ'tɔvɔ̃]

Voulez-vous un reçu?

Czy chce pan /pani/ rachunek?
[tʃi xtsɛ pan /'paɲi/ ra'xunɛk?]

Oui, s'il vous plaît.

Tak, proszę.
[tak, 'prɔʃɛ]

Non, ce n'est pas nécessaire.

Nie, dziękuję.
[ɲɛ, dʑiɛ'ŋkujɛ]

Merci. Bonne journée!

Dziękuję. Miłego dnia!
[dʑiɛŋ'kujɛ. mʲi'wɛgɔ dɲa!]

En ville

Excusez-moi, …	**Przepraszam.** [pʃɛ'praʃam]
Je cherche …	**Szukam …** ['ʃukam …]
le métro	**metra** ['mɛtra]
mon hôtel	**mojego hotelu** [mɔ'jɛgɔ xɔ'tɛlu]
le cinéma	**kina** ['kʲina]
un arrêt de taxi	**postoju taksówek** [pɔ'stɔju ta'ksuvɛk]
un distributeur	**bankomatu** [bankɔ'matu]
un bureau de change	**kantoru wymiany walut** [ka'ntɔru vɨˈmʲanɨ va'lut]
un café internet	**kafejki internetowej** [ka'fɛjkʲi intɛrnɛ'tɔvɛj]
la rue …	**ulicy …** [u'ʎitsɨ …]
cette place-ci	**tego miejsca** ['tɛgɔ 'mʲɛjstsa]
Savez-vous où se trouve …?	**Czy wie pan /pani/ gdzie jest …?** [tʃɨ 'vʲɛ pan /'paɲi/ gdʑɛ 'jɛst …?]
Quelle est cette rue?	**Na jakiej to ulicy?** [na 'jakʲɛj tɔ u'ʎitsɨ?]
Montrez-moi où sommes-nous, s'il vous plaît.	**Proszę mi pokazać gdzie teraz jesteśmy.** ['prɔʃɛ mʲi pɔ'kazatɕ gdʑɛ 'tɛras jɛ'stɛɕmɨ]
Est-ce que je peux y aller à pied?	**Czy mogę tam dojść pieszo?** [tʃɨ 'mɔgɛ tam 'dɔjɕtɕ 'pʲɛʃɔ?]
Avez-vous une carte de la ville?	**Czy ma pan /pani/ mapę miasta?** [tʃɨ ma pan /'paɲi/ 'mapɛ 'mʲasta?]
C'est combien pour un ticket?	**Ile kosztuje wejście?** ['ilɛ kɔ'ʃtujɛ 'vɛjɕtɕɛ?]
Est-ce que je peux faire des photos?	**Czy można tu robić zdjęcia?** [tʃɨ 'mɔʒna tu 'rɔbʲitɕ 'zdjɛntɕa?]
Êtes-vous ouvert?	**Czy jest otwarte?** [tʃɨ 'jɛst ɔ'tfartɛ?]

À quelle heure ouvrez-vous?

Od której jest czynne?
[ɔt 'kturɛj 'jɛst 'tʃinnɛ?]

À quelle heure fermez-vous?

Do której jest czynne?
[dɔ 'kturɛj 'jɛst 'tʃinnɛ?]

L'argent

argent	**pieniądze** [pʲɛ'ɲiɔndzɛ]
argent liquide	**gotówka** [gɔ'tufka]
des billets	**pieniądze papierowe** [pʲɛ'ɲiɔndzɛ papʲɛ'rɔvɛ]
petite monnaie	**drobne** ['drɔbnɛ]
l'addition | de la monnaie | le pourboire	**rachunek | drobne | napiwek** [ra'xunɛk | 'drɔbnɛ | na'pʲivɛk]

carte de crédit	**karta kredytowa** ['karta krɛdɨ'tɔva]
portefeuille	**portfel** ['pɔrtfɛl]
acheter	**kupować** [ku'pɔvatɕ]
payer	**płacić** ['pwatɕitɕ]
amende	**grzywna** ['gʒɨvna]
gratuit	**darmowy** [da'rmɔvɨ]

Où puis-je acheter ...?	**Gdzie mogę kupić ...?** [gdʑɛ 'mɔgɛ 'kupʲitɕ ...?]
Est-ce que la banque est ouverte en ce moment?	**Czy bank jest teraz otwarty?** [tʃɨ 'bank 'jɛst 'tɛraz ɔ'tfartɨ?]
À quelle heure ouvre-t-elle?	**Od której jest czynny?** [ɔt 'kturɛj 'jɛst 'tʃɨnnɨ?]
À quelle heure ferme-t-elle?	**Do której jest czynny?** [dɔ 'kturɛj 'jɛst 'tʃɨnnɨ?]

C'est combien?	**Ile kosztuje?** ['ilɛ kɔ'ʃtujɛ?]
Combien ça coûte?	**Ile to kosztuje?** ['ilɛ tɔ kɔ'ʃtujɛ?]
C'est trop cher.	**To za drogo.** [tɔ za 'drɔgɔ]

Excusez-moi, où est la caisse?	**Przepraszam, gdzie mogę zapłacić?** [pʃɛ'praʃam, gdʑɛ 'mɔgɛ za'pwatɕitɕ?]
L'addition, s'il vous plaît.	**Rachunek proszę.** [ra'xunɛk 'prɔʃɛ]

Puis-je payer avec la carte?

Czy mogę zapłacić kartą?
[ʧi 'mɔgɛ za'pwatɕiʨ 'kartɔ̃?]

Est-ce qu'il y a un distributeur ici?

Czy jest tu gdzieś bankomat?
[ʧi 'jɛst tu gdʑɛɕ bankɔ'mat?]

Je cherche un distributeur.

Szukam bankomatu.
['ʃukam bankɔ'matu]

Je cherche un bureau de change.

Szukam kantoru wymiany walut.
['ʃukam ka'ntɔru vɨ'mʲanɨ 'valut]

Je voudrais changer ...

Chciałbym /Chciałabym/ wymienić ...
['xtɕawbɨm /xtɕa'wabɨm/ vɨ'mʲɛɲiʨ ...]

Quel est le taux de change?

Jaki jest kurs?
['jakʲi 'jɛst 'kurs?]

Avez-vous besoin de mon passeport?

**Czy potrzebuje pan /pani/
mój paszport?**
[ʧi pɔʧɛ'bujɛ pan /'paɲi/
muj 'paʃpɔrt?]

Le temps

Quelle heure est-il?	**Która godzina?** ['ktura go'dʑina?]
Quand?	**Kiedy?** ['kʲɛdi?]
À quelle heure?	**O której godzinie?** [ɔ 'kturɛj gɔ'dʑiɲɛ?]
maintenant | plus tard | après …	**teraz | później | po …** ['tɛraz | 'puʑɲɛj | pɔ …]

une heure	**godzina pierwsza** [gɔ'dʑina 'pʲɛrʃʃa]
une heure et quart	**pierwsza piętnaście** ['pʲɛrʃʃa pʲiɛ'ntnaɕtɕɛ]
une heure et demie	**pierwsza trzydzieści** ['pʲɛrʃʃa ʧʲi'dʑɛɕtɕi]
deux heures moins quart	**za piętnaście druga** [za pʲiɛ'ntnaɕtɕɛ 'druga]

un | deux | trois	**pierwsza | druga | trzecia** ['pʲɛrʃʃa | 'druga | 'ʧɛtɕa]
quatre | cinq | six	**czwarta | piąta | szósta** ['ʧvarta | 'pʲiɔnta | 'ʃusta]
sept | huit | neuf	**siódma | ósma | dziewiąta** ['ɕudma | 'usma | dʑɛ'vʲiɔnta]
dix | onze | douze	**dziesiąta | jedenasta | dwunasta** [dʑɛ'ɕiɔnta | jɛdɛ'nasta | dvu'nasta]

dans …	**za …** [za …]
cinq minutes	**pięć minut** ['pʲiɛntɕ 'mʲinut]
dix minutes	**dziesięć minut** ['dʑɛɕiɛntɕ 'mʲinut]
quinze minutes	**piętnaście minut** [pʲiɛ'ntnaɕtɕɛ 'mʲinut]
vingt minutes	**dwadzieścia minut** [dva'dʑɛɕtɕa 'mʲinut]

une demi-heure	**pół godziny** ['puw gɔ'dʑini]
une heure	**godzinę** [gɔ'dʑinɛ]

dans la matinée	**rano** ['ranɔ]
tôt le matin	**wcześnie rano** ['ftʃɛɕɲɛ 'ranɔ]
ce matin	**tego ranka** ['tɛgɔ 'ranka]
demain matin	**jutro rano** ['jutrɔ 'ranɔ]
à midi	**w południe** [f pɔ'wudɲɛ]
dans l'après-midi	**po południu** [pɔ pɔ'wudɲu]
dans la soirée	**wieczorem** [vʲɛ'tʃɔrɛm]
ce soir	**dziś wieczorem** ['dʑiɕ vʲɛ'tʃɔrɛm]
la nuit	**w nocy** [f 'nɔtsɨ]
hier	**wczoraj** ['ftʃɔraj]
aujourd'hui	**dzisiaj** ['dʑiɕaj]
demain	**jutro** ['jutrɔ]
après-demain	**pojutrze** [pɔ'jutʃɛ]
Quel jour sommes-nous aujourd'hui?	**Jaki jest dzisiaj dzień?** ['jakʲi 'jɛst 'dʑiɕaj 'dʑɛɲ?]
Nous sommes ...	**Jest ...** ['jɛst ...]
lundi	**poniedziałek** [pɔɲɛ'dʑawɛk]
mardi	**wtorek** ['ftɔrɛk]
mercredi	**środa** ['ɕrɔda]
jeudi	**czwartek** ['tʃvartɛk]
vendredi	**piątek** ['pʲiɔntɛk]
samedi	**sobota** [sɔ'bɔta]
dimanche	**niedziela** [ɲɛ'dʑɛla]

Salutations - Introductions

Bonjour.
Witam.
['vʲitam]

Enchanté /Enchantée/
Miło mi pana /panią/ poznać.
['mʲiwɔ mʲi 'pana /'paɲiɔ̃/ 'pɔznatɕ]

Moi aussi.
Mi również.
[mʲi 'ruvɲɛʒ]

Je voudrais vous présenter …
Chciałbym żeby pan poznał /pani poznała/ …
['xtɕawbɨm 'ʒɛbɨ pan 'pɔznaw /'paɲi pɔ'znawa/ …]

Ravi /Ravie/ de vous rencontrer.
Miło pana /panią/ poznać.
['mʲiwɔ 'pana /'paɲiɔ̃/ 'pɔznatɕ]

Comment allez-vous?
Jak się pan /pani/ miewa?
['jak ɕɛ pan /'paɲi/ 'mʲɛva?]

Je m'appelle …
Mam na imię …
[mam na 'imʲiɛ …]

Il s'appelle …
On ma na imię …
['ɔn ma na 'imʲiɛ …]

Elle s'appelle …
Ona ma na imię …
['ɔna ma na 'imʲiɛ …]

Comment vous appelez-vous?
Jak pan /pani/ ma na imię?
['jak pan /'paɲi/ ma na 'imʲiɛ?]

Quel est son nom?
Jak on ma na imię?
['jak 'ɔn ma na 'imʲiɛ?]

Quel est son nom?
Jak ona ma na imię?
['jak 'ɔna ma na 'imʲiɛ?]

Quel est votre nom de famille?
Jak pan /pani/ się nazywa?
['jak pan /'paɲi/ ɕɛ na'zɨva?]

Vous pouvez m'appeler …
Może się pan /pani/ do mnie zwracać …
['mɔʒɛ ɕɛ pa'n /paɲi/ dɔ 'mɲɛ 'zvratsatɕ …]

D'où êtes-vous?
Skąd pan /pani/ jest?
['skɔnt pan /'paɲi/ 'jɛst?]

Je suis de …
Pochodzę z …
[pɔ'xɔdzɛ s …]

Qu'est-ce que vous faites dans la vie?
Czym się pan /pani/ zajmuje?
['tʃɨm ɕɛ pan /'paɲi/ zaj'mujɛ?]

Qui est-ce?
Kto to jest?
[ktɔ tɔ 'jɛst?]

Qui est-il?
Kim on jest?
['kʲim 'ɔn 'jɛst?]

Qui est-elle?	**Kim ona jest?** ['kʲim 'ɔna 'jɛst?]
Qui sont-ils?	**Kim oni są?** ['kʲim 'ɔɲi sɔ̃?]

C'est ...	**To jest ...** [tɔ 'jɛst ...]
mon ami	**mój przyjaciel** [muj pʃi'jatɕɛl]
mon amie	**moja przyjaciółka** ['mɔja pʃija'tɕuwka]
mon mari	**mój mąż** [muj 'mɔ̃ʒ]
ma femme	**moja żona** ['mɔja 'ʒɔna]

mon père	**mój ojciec** [muj 'ɔjtɕɛts]
ma mère	**moja matka** ['mɔja 'matka]
mon frère	**mój brat** [muj 'brat]
ma sœur	**moja siostra** ['mɔja 'ɕɔstra]
mon fils	**mój syn** [muj 'sin]
ma fille	**moja córka** ['mɔja 'tsurka]

C'est notre fils.	**To jest nasz syn.** [tɔ 'jɛst 'naʃ 'sin]
C'est notre fille.	**To jest nasza córka.** [tɔ 'jɛst 'naʃa 'tsurka]
Ce sont mes enfants.	**To moje dzieci.** [tɔ 'mɔjɛ 'dʑɛtɕi]
Ce sont nos enfants.	**To nasze dzieci.** [tɔ 'naʃɛ 'dʑɛtɕi]

Les adieux

Au revoir!	**Do widzenia!** [dɔ vʲi'dzɛɲa!]
Salut!	**Cześć!** ['ʧɛɕʨ!]
À demain.	**Do zobaczenia jutro.** [dɔ zɔba'ʧɛɲa 'jutrɔ]
À bientôt.	**Na razie.** [na 'raʑɛ]
On se revoit à sept heures.	**Do zobaczenia o siódmej.** [dɔ zɔba'ʧɛɲa ɔ 'ɕudmɛj]

Amusez-vous bien!	**Bawcie się dobrze!** ['bafʨɛ ɕiɛ 'dɔbʒɛ!]
On se voit plus tard.	**Do usłyszenia.** [dɔ uswɨ'ʃɛɲa]
Bonne fin de semaine.	**Miłego weekendu.** [mʲi'wɛgɔ vɛɛ'kɛndu]
Bonne nuit.	**Dobranoc.** [dɔ'branɔts]

Il est l'heure que je parte.	**Czas na mnie.** [ʧas na 'mɲɛ]
Je dois m'en aller.	**Muszę iść.** ['muʃɛ 'iɕʨ]
Je reviens tout de suite.	**Wracam za chwilę.** ['vratsam za 'xvʲilɛ]

Il est tard.	**Późno już.** ['puʑnɔ 'juʒ]
Je dois me lever tôt.	**Muszę wstać wcześnie.** ['muʃɛ 'fstaʨ 'fʧɛɕɲɛ]
Je pars demain.	**Wyjeżdżam jutro.** [vɨ'jɛʒdʒam 'jutrɔ]
Nous partons demain.	**Wyjeżdżamy jutro.** [vɨjɛʒ'dʒamɨ 'jutrɔ]

Bon voyage!	**Miłej podróży!** ['mʲiwɛj pɔ'druʒi!]
Enchanté de faire votre connaissance.	**Miło było pana /panią/ poznać.** ['mʲiwɔ 'bɨwɔ 'pana /'paɲiɔ̃/ 'pɔznaʨ]
Heureux /Heureuse/ d'avoir parlé avec vous.	**Miło się rozmawiało.** ['mʲiwɔ ɕiɛ rɔzma'vʲawɔ]
Merci pour tout.	**Dziękuję za wszystko.** [dʑiɛɲ'kujɛ za 'fʃistkɔ]

Je me suis vraiment amusé /amusée/ **Dobrze się bawiłem /bawiłam/.**
['dɔbʒɛ ɕiɛ ba'vʲiwɛm /ba'vʲiwam/]

Nous nous sommes vraiment **Dobrze się bawiliśmy.**
amusés /amusées/ ['dɔbʒɛ ɕiɛ bavʲi'ʎiɕmi]

C'était vraiment plaisant. **Było naprawdę świetne.**
['biwɔ na'pravdɛ 'ɕvʲɛtnɛ]

Vous allez me manquer. **Będę tęsknić.**
['bɛndɛ 'tɛ̃skɲitɕ]

Vous allez nous manquer. **Będziemy tęsknić.**
[bɛ'ndʑɛmi 'tɛ̃skɲitɕ]

Bonne chance! **Powodzenia!**
[pɔvɔ'dzɛɲa!]

Mes salutations à ... **Pozdrów ...**
['pɔzdruf ...]

Une langue étrangère

Je ne comprends pas.	**Nie rozumiem.** [ɲɛ rɔ'zumʲɛm]
Écrivez-le, s'il vous plaît.	**Czy może pan /pani/ to napisać?** [ʧi 'mɔʒɛ pan /'paɲi/ tɔ na'pʲisatɕ?]
Parlez-vous …?	**Czy mówi pan /pani/ po …?** [ʧi 'muvʲi pan /'paɲi/ pɔ …?]

Je parle un peu …	**Mówię troszkę po …** ['muvʲiɛ 'trɔʃkɛ pɔ …]
anglais	**angielsku** [a'ngʲɛlsku]
turc	**turecku** [tu'rɛtsku]
arabe	**arabsku** [a'rapsku]
français	**francusku** [fran'tsusku]

allemand	**niemiecku** [ɲɛ'mʲɛtsku]
italien	**włosku** ['vwɔsku]
espagnol	**hiszpańsku** [xi'ʃpaɲsku]
portugais	**portugalsku** [portu'galsku]
chinois	**chińsku** ['xiɲsku]
japonais	**japońsku** [ja'pɔɲsku]

Pouvez-vous le répéter, s'il vous plaît.	**Czy może pan /pani/ powtórzyć?** [ʧi 'mɔʒɛ pan /'paɲi/ pɔ'ftuʒitɕ?]
Je comprends.	**Rozumiem.** [rɔ'zumʲɛm]
Je ne comprends pas.	**Nie rozumiem.** [ɲɛ rɔ'zumʲɛm]
Parlez plus lentement, s'il vous plaît.	**Proszę mówić wolniej.** ['prɔʃɛ 'muvʲitɕ 'vɔlɲɛj]

Est-ce que c'est correct?	**Czy jest poprawne?** [ʧi 'jɛst pɔ'pravnɛ?]
Qu'est-ce que c'est?	**Co to znaczy?** ['tsɔ tɔ 'znaʧi?]

Les excuses

Excusez-moi, s'il vous plaît.	**Przepraszam.** [pʂɛ'praʃam]
Je suis désolé /désolée/	**Przepraszam.** [pʂɛ'praʃam]
Je suis vraiment /désolée/	**Bardzo przepraszam.** ['bardzɔ pʂɛ'praʃam]
Désolé /Désolée/, c'est ma faute.	**Przepraszam, to moja wina.** [pʂɛ'praʃam, tɔ 'mɔja 'vʲina]
Au temps pour moi.	**Mój błąd.** [muj 'bwɔnt]
Puis-je ...?	**Czy mogę ...?** [tʂɨ 'mɔgɛ ...?]
Ça vous dérange si je ...?	**Czy ma pan /pani/ coś przeciwko gdybym ...?** [tʂɨ ma pan /'paɲi/ 'tsɔɕ pʂɛ'tɕifkɔ 'gdɨbɨm ...?]
Ce n'est pas grave.	**Nic się nie stało.** ['ɲits ɕiɛ ɲɛ 'stawɔ]
Ça va.	**Wszystko w porządku.** ['fʂɨstkɔ f pɔ'ʐɔntku]
Ne vous inquiétez pas.	**Nic nie szkodzi.** ['ɲits ɲɛ 'ʃkɔdʑi]

Les accords

Oui	**Tak.** [tak]
Oui, bien sûr.	**Tak, oczywiście.** [tak, ɔtʃi'vʲiɕtɕɛ]
Bien.	**Dobrze!** ['dɔbʒɛ!]
Très bien.	**Bardzo dobrze.** ['bardzɔ 'dɔbʒɛ]
Bien sûr!	**Oczywiście!** [ɔtʃi'vʲiɕtɕɛ!]
Je suis d'accord.	**Zgadzam się.** ['zgadzam ɕɛ]

C'est correct.	**Dokładnie tak.** [dɔ'kwadɲɛ 'tak]
C'est exact.	**Zgadza się.** ['zgadza ɕɛ]
Vous avez raison.	**Ma pan /pani/ rację.** [ma pan /'paɲi/ 'ratsjɛ]
Je ne suis pas contre.	**Nie mam nic przeciwko.** [ɲɛ 'mam 'ɲits pʃɛ'tɕifkɔ]
Tout à fait correct.	**Bardzo poprawnie.** ['bardzɔ pɔ'pravɲɛ]

C'est possible.	**To możliwe.** [tɔ mɔ'ʒʎivɛ]
C'est une bonne idée.	**To dobry pomysł.** [tɔ 'dɔbrɨ 'pomɨs]
Je ne peux pas dire non.	**Nie mogę odmówić.** [ɲɛ 'mɔgɛ ɔ'dmuvʲitɕ]
J'en serai ravi /ravie/	**Z radością.** [z ra'dɔɕtɕiɔ̃]
Avec plaisir.	**Z przyjemnością.** [s pʃijɛ'mnɔɕtɕiɔ̃]

Refus, exprimer le doute

Non	**Nie.** [ɲɛ]
Absolument pas.	**Z pewnością nie.** [s pɛ'vnɔɕtɕiɔ̃ 'ɲɛ]
Je ne suis pas d'accord.	**Nie zgadzam się.** [ɲɛ 'zgadzam ɕiɛ]
Je ne le crois pas.	**Nie wydaje mi się.** [ɲɛ vɨ'dajɛ mʲi ɕiɛ]
Ce n'est pas vrai.	**To nie prawda.** [tɔ ɲɛ 'pravda]

Vous avez tort.	**Nie ma pan /pani/ racji.** [ɲɛ ma pan /'paɲi/ 'ratsji]
Je pense que vous avez tort.	**Myślę że nie ma pan /pani/ racji.** ['mɨɕlɛ 'ʒɛ ɲɛ ma pan /'paɲi/ 'ratsji]
Je ne suis pas sûr /sûre/	**Nie jestem pewien /pewna/.** [ɲɛ 'jɛstɛm 'pɛvʲɛn /'pɛvna/]

C'est impossible.	**To niemożliwe.** [tɔ ɲɛmɔ'ʒʎivɛ]
Pas du tout!	**Nic podobnego!** ['ɲits pɔdɔ'bnɛgɔ!]

Au contraire!	**Dokładnie odwrotnie.** [dɔ'kwadɲɛ ɔ'dvrɔtɲɛ]
Je suis contre.	**Nie zgadzam się.** [ɲɛ 'zgadzam ɕiɛ]
Ça m'est égal.	**Wszystko mi jedno.** ['ffistkɔ mʲi 'jɛdnɔ]
Je n'ai aucune idée.	**Nie mam pojęcia.** [ɲɛ 'mam pɔ'jɛntɕa]
Je doute que cela soit ainsi.	**Wątpię w to.** ['vɔntpʲiɛ f 'tɔ]

Désolé /Désolée/, je ne peux pas.	**Przepraszam, nie mogę.** [pʃɛ'praʃam, ɲɛ 'mɔgɛ]
Désolé /Désolée/, je ne veux pas.	**Przepraszam, nie chcę.** [pʃɛ'praʃam, ɲɛ 'xtsɛ]

Merci, mais ça ne m'intéresse pas.	**Dziękuję, ale nie potrzebuję tego.** [dʑiɛŋ'kujɛ, 'alɛ ɲɛ pɔtʃɛ'bujɛ 'tɛgɔ]
Il se fait tard.	**Robi się późno.** ['rɔbʲi ɕiɛ 'puʑnɔ]

Je dois me lever tôt.

Muszę wstać wcześnie.
['muʃɛ 'fstatɕ 'ftʃɛɕɲɛ]

Je ne me sens pas bien.

Źle się czuję.
[ʑlɛ ɕiɛ 'tʃujɛ]

Exprimer la gratitude

Merci.	**Dziękuję.** [dʑiɛɲ'kujɛ]
Merci beaucoup.	**Dziękuję bardzo.** [dʑiɛɲ'kujɛ 'bardzɔ]

Je l'apprécie beaucoup.	**Naprawdę to doceniam.** [na'pravdɛ tɔ dɔ'tsɛɲam]
Je vous suis très reconnaissant.	**Jestem naprawdę wdzięczny /wdzięczna/.** ['jɛstɛm na'pravdɛ 'vdʑiɛntʃɲi /'vdʑiɛntʃna/]
Nous vous sommes très reconnaissant.	**Jesteśmy naprawdę wdzięczni.** [jɛs'tɛɕmi na'pravdɛ 'vdʑiɛntʃɲi]

Merci pour votre temps.	**Dziękuję za poświęcony czas.** [dʑiɛɲ'kujɛ za pɔɕvʲiɛn'tsɔɲi 'tʃas]
Merci pour tout.	**Dziękuję za wszystko.** [dʑiɛɲ'kujɛ za 'fʃistkɔ]
Merci pour ...	**Dziękuję za ...** [dʑiɛɲ'kujɛ za ...]

votre aide	**pańską pomoc** ['paɲskɔ̃ 'pomɔts]
les bons moments passés	**miłe chwile** ['mʲiwɛ 'xvʲilɛ]

un repas merveilleux	**doskonałą potrawę** [dɔskɔ'nawɔ̃ pɔ'travɛ]
cette agréable soirée	**miły wieczór** ['mʲiwi 'vʲetʃur]
cette merveilleuse journée	**wspaniały dzień** [fspa'ɲawi 'dʑɛɲ]
une excursion extraordinaire	**miła podróż** ['mʲiwa 'pɔdruʒ]

Il n'y a pas de quoi.	**Nie ma za co.** [ɲɛ ma za 'tsɔ]
Vous êtes les bienvenus.	**Proszę.** ['prɔʃɛ]
Mon plaisir.	**Zawsze do usług.** ['zafʃɛ dɔ 'uswuk]
J'ai été heureux /heureuse/ de vous aider.	**Cała przyjemność po mojej stronie.** [tsawa pʃi'jɛmnɔɕtɕ pɔ 'mɔjɛj 'strɔɲɛ]

Ça va. N'y pensez plus.

Nie ma o czy mówić.
[ɲɛ ma ɔ ʧi 'muvʲiʨ]

Ne vous inquiétez pas.

Nic nie szkodzi.
['ɲits ɲɛ 'ʃkɔʥi]

Félicitations. Vœux de fête

Félicitations!	**Gratulacje!** [gratu'latsjɛ!]
Joyeux anniversaire!	**Wszystkiego najlepszego z okazji urodzin!** [fʃɨ'stkʲɛgɔ najlɛ'pʃɛgɔ z ɔ'kazji u'rɔdzin!]
Joyeux Noël!	**Wesołych Świąt!** [vɛ'sɔwɨx 'ɕvʲiɔnt!]
Bonne Année!	**Szczęśliwego Nowego Roku!** [ʃtʃɛ̃ɕʎi'vɛgɔ nɔ'vɛgɔ 'rɔku!]
Joyeuses Pâques!	**Wesołych Świąt Wielkanocnych!** [vɛ'sɔwɨx 'ɕvʲiɔnt vʲɛlka'nɔtsnɨx!]
Joyeux Hanoukka!	**Szczęśliwego Chanuka!** [ʃtʃɛ̃ɕʎi'vɛgɔ 'xanuka!]
Je voudrais proposer un toast.	**Chciałbym wznieść toast.** ['xtɕawbɨm 'vznɛɕtɕ 'tɔast]
Santé!	**Na zdrowie!** [na 'zdrɔvʲɛ!]
Buvons à …!	**Wypijmy za …!** [vɨ'pʲijmɨ za …!]
À notre succès!	**Za naszą pomyślność!** [za 'naʃɔ̃ pɔ'mɨɕlnɔɕtɕ!]
À votre succès!	**Za Państwa pomyślność!** [za 'paɲstfa pɔ'mɨɕlnɔɕtɕ!]
Bonne chance!	**Powodzenia!** [pɔvɔ'dzɛɲa!]
Bonne journée!	**Miłego dnia!** ['mʲiwɛgɔ 'dɲa!]
Passez de bonnes vacances !	**Miłych wakacji!** ['mʲiwɨx va'katsji!]
Bon voyage!	**Bezpiecznej podróży!** [bɛ'spʲɛtʃnɛj pɔ'druʒɨ!]
Rétablissez-vous vite.	**Szybkiego powrotu do zdrowia!** [ʃɨ'pkʲɛgɔ pɔ'vrɔtu dɔ 'zdrɔvʲa!]

Socialiser

Pourquoi êtes-vous si triste?

Dlaczego jest pani smutna?
[dla'tʃɛgɔ 'jɛst 'paɲi 'smutna?]

Souriez!

**Proszę się uśmiechnąć,
głowa do góry!**
['prɔʃɛ ɕiɛ u'ɕmʲɛxnɔntɕ,
'gwɔva dɔ 'gurʲi!]

Êtes-vous libre ce soir?

Czy ma pani czas dzisiaj wieczorem?
[tʃi ma 'paɲi 'tʃaz 'dʑiɕaj vʲɛ'tʃɔrɛm?]

Puis-je vous offrir un verre?

Czy mogę zaproponować pani drinka?
[tʃi 'mɔgɛ zaprɔpɔ'nɔvatɕ 'paɲi 'drinka?]

Voulez-vous danser?

Czy mogę prosić do tańca?
[tʃi 'mɔgɛ 'prɔɕitɕ dɔ 'taɲtsa?]

Et si on va au cinéma?

Może pójdziemy do kina?
['mɔʒɛ pu'jdʑɛmʲi dɔ 'kʲina?]

Puis-je vous inviter ...

Czy mogę zaprosić pani ...?
[tʃi 'mɔgɛ za'prɔɕitɕ 'paɲi ...?]

au restaurant

do restauracji
[dɔ rɛsta'wratsji]

au cinéma

do kina
[dɔ 'kʲina]

au théâtre

do teatru
[dɔ tɛ'atru]

pour une promenade

na spacer
[na 'spatsɛr]

À quelle heure?

O której godzinie?
[ɔ 'kturɛj gɔ'dʑiɲɛ?]

ce soir

dziś wieczorem
['dʑiɕ vʲɛ'tʃɔrɛm]

à six heures

o szóstej
[ɔ 'ʃustɛj]

à sept heures

o siódmej
[ɔ 'ɕudmɛj]

à huit heures

o ósmej
[ɔ 'usmɛj]

à neuf heures

o dziewiątej
[ɔ dʑɛ'vʲiɔntɛj]

Est-ce que vous aimez cet endroit?

Czy podoba się panu /pani/ tutaj?
[tʃi pɔ'dɔba ɕiɛ 'panu /'paɲi/ 'tutaj?]

Êtes-vous ici avec quelqu'un?

Czy jest tu pani z kimś?
[tʃi 'jɛst tu 'paɲi s 'kʲimɕ?]

Je suis avec mon ami.	**Jestem z przyjacielem /przyjaciółką/.** ['jɛstɛm s pʃija'tɕɛlɛm /pʃija'tɕuwkɔ̃/]
Je suis avec mes amis.	**Jestem z przyjaciółmi.** ['jɛstɛm s pʃija'tɕuwmʲi]
Non, je suis seul /seule/	**Nie, jestem sam /sama/.** [ɲɛ, 'jɛstɛm 'sam /'sama/]

As-tu un copain?	**Czy masz chłopaka?** [tʃɨ 'maʃ xwɔ'paka?]
J'ai un copain.	**Mam chłopaka.** [mam xwɔ'paka]
As-tu une copine?	**Czy masz dziewczynę?** [tʃɨ 'maʃ dʑɛ'ftʃinɛ?]
J'ai une copine.	**Mam dziewczynę.** [mam dʑɛ'ftʃinɛ]

Est-ce que je peux te revoir?	**Czy mogę cię jeszcze zobaczyć?** [tʃɨ 'mɔgɛ tɕiɛ 'jɛʃtʃɛ zɔ'batʃitɕ?]
Est-ce que je peux t'appeler?	**Czy mogę do ciebie zadzwonić?** [tʃɨ 'mɔgɛ dɔ 'tɕɛbʲɛ za'dzvɔɲitɕ?]
Appelle-moi.	**Zadzwoń do mnie.** ['zadzvɔɲ dɔ 'mɲɛ]
Quel est ton numéro?	**Jaki masz numer?** ['jakʲi 'maʃ 'numɛr?]
Tu me manques.	**Tęsknię za Tobą.** ['tɛ̃skɲiɛ za 'tɔbɔ̃]

Vous avez un très beau nom.	**Ma pan /pani/ piękne imię.** [ma pan /'paɲi/ 'pʲiɛŋknɛ 'imʲiɛ]
Je t'aime.	**Kocham cię.** ['kɔxam tɕiɛ]
Veux-tu te marier avec moi?	**Czy wyjdziesz za mnie?** [tʃɨ 'vijdʑɛʃ za 'mɲɛ?]
Vous plaisantez!	**Żartuje pan /pani/!** [ʒar'tujɛ pan /'paɲi/!]
Je plaisante.	**Żartuję.** [ʒar'tujɛ]

Êtes-vous sérieux /sérieuse/?	**Czy mówi pan /pani/ poważnie?** [tʃɨ 'muvʲi pan /'paɲi/ pɔ'vaʒɲɛ?]
Je suis sérieux /sérieuse/	**Mówię poważnie.** ['muvʲiɛ pɔ'vaʒɲɛ]
Vraiment?!	**Naprawdę?!** [na'pravdɛ?!]
C'est incroyable!	**To niemożliwe!** [tɔ ɲɛmɔ'ʒʎivɛ!]
Je ne vous crois pas.	**Nie wierzę.** [ɲɛ 'vʲɛʒɛ]
Je ne peux pas.	**Nie mogę.** [ɲɛ 'mɔgɛ]
Je ne sais pas.	**Nie wiem.** [ɲɛ 'vʲɛm]

Je ne vous comprends pas	**Nie rozumiem.** [ɲɛ rɔ'zumʲɛm]
Laissez-moi! Allez-vous-en!	**Proszę odejść.** ['prɔʃɛ 'ɔdɛjɕtɕ]
Laissez-moi tranquille!	**Proszę zostawić mnie w spokoju!** ['prɔʃɛ zɔ'stavʲitɕ 'mɲɛ f spɔ'kɔju!]

Je ne le supporte pas.	**Nie znoszę go.** [ɲɛ 'znɔʃɛ 'gɔ]
Vous êtes dégoûtant!	**Jest pan obrzydliwy!** ['jɛst pan ɔbʒɨ'dʎivi!]
Je vais appeler la police!	**Zadzwonię po policję!** [za'dzvɔɲɛ pɔ pɔ'ʎitsjɛ!]

Partager des impressions. Émotions

J'aime ça.	**Podoba mi się to.** [pɔ'dɔba mʲi ɕiɛ 'tɔ]
C'est gentil.	**Bardzo ładne.** ['bardzɔ 'wadnɛ]
C'est super!	**Wspaniale!** [fspa'ɲalɛ!]
C'est assez bien.	**Nieźle.** ['ɲɛʑlɛ]

Je n'aime pas ça.	**Nie podoba mi się to.** [ɲɛ pɔ'dɔba mʲi ɕiɛ 'tɔ]
Ce n'est pas bien.	**Nieładnie.** [ɲɛ'wadɲɛ]
C'est mauvais.	**To jest złe.** [tɔ 'jɛsd 'zwɛ]
Ce n'est pas bien du tout.	**To bardzo złe.** [tɔ 'bardzɔ 'zwɛ]
C'est dégoûtant.	**To obrzydliwe.** [tɔ ɔbʒɨ'dʎivɛ]

Je suis content /contente/	**Jestem szczęśliwy /szczęśliwa/.** ['jɛstɛm ʃtʃɛ̇'ɕʎivi /ʃtʃɛ̇'ɕʎiva/]
Je suis heureux /heureuse/	**Jestem zadowolony /zadowolona/.** ['jɛstɛm zadɔvɔ'lɔnɨ /zadɔvɔ'lɔna/]
Je suis amoureux /amoureuse/	**Jestem zakochany /zakochana/.** ['jɛstɛm zakɔ'xanɨ /zakɔ'xana/]
Je suis calme.	**Jestem spokojny /spokojna/.** ['jɛstɛm spɔ'kɔjnɨ /spɔ'kɔjna/]
Je m'ennuie.	**Jestem znudzony /znudzona/.** ['jɛstɛm znu'dzɔnɨ /znu'dzɔna/]

Je suis fatigué /fatiguée/	**Jestem zmęczony /zmęczona/.** ['jɛstɛm zmɛ̇'ntʃɔnɨ /zmɛ'ntʃɔna/]
Je suis triste.	**Jestem smutny /smutna/.** ['jɛstɛm 'smutnɨ /'smutna/]
J'ai peur.	**Jestem przestraszony /przestraszona/.** ['jɛstɛm pʃɛstra'ʃɔnɨ /pʃɛstra'ʃɔna/]
Je suis fâché /fâchée/	**Jestem zły /zła/.** ['jɛstɛm 'zwɨ /'zwa/]
Je suis inquiet /inquiète/	**Martwię się.** ['martfiɛ ɕiɛ]
Je suis nerveux /nerveuse/	**Jestem zdenerwowany /zdenerwowana/.** ['jɛstɛm zdɛnɛrvɔ'vanɨ /zdɛnɛrvɔ'vana/]

Je suis jaloux /jalouse/

Jestem zazdrosny /zazdrosna/.
['jɛstɛm za'zdrɔsnɨ /za'zdrɔsna/]

Je suis surpris /surprise/

Jestem zaskoczony /zaskoczona/.
['jɛstɛm zaskɔ'ʧɔnɨ /zaskɔ'ʧɔna/]

Je suis gêné /gênée/

Jestem zakłopotany /zakłopotana/.
['jɛstɛm zakwɔpɔ'tanɨ /zakwɔpɔ'tana/]

Problèmes. Accidents

J'ai un problème.	**Mam problem.** [mam 'prɔblɛm]
Nous avons un problème.	**Mamy problem.** ['mamɨ 'prɔblɛm]
Je suis perdu /perdue/	**Zgubiłem /Zgubiłam/ się.** [zgu'bʲiwɛm /zgu'bʲiwam/ ɕɛ]
J'ai manqué le dernier bus (train).	**Uciekł mi ostatni autobus (pociąg).** ['utɕɛk mʲi ɔ'statɲi aw'tɔbus ('pɔtɕiɔŋk)]
Je n'ai plus d'argent.	**Nie mam ani grosza.** [ɲɛ 'mam 'aɲi 'grɔʃa]

J'ai perdu mon ...	**Zgubiłem /Zgubiłam/ ...** [zgu'bʲiwɛm /zgu'bʲiwam/ ...]
On m'a volé mon ...	**Ktoś ukradł ...** ['ktɔɕ 'ukrat ...]
passeport	**mój paszport** [muj 'paʃpɔrt]
portefeuille	**mój portfel** [muj 'pɔrtfɛl]
papiers	**moje dokumenty** ['mɔjɛ dɔku'mɛntɨ]
billet	**mój bilet** [muj 'bʲilɛt]

argent	**moje pieniądze** ['mɔjɛ pʲɛ'ɲiɔndzɛ]
sac à main	**moje torebkę** ['mɔjɛ tɔ'rɛpkɛ]
appareil photo	**mój aparat fotograficzny** [muj a'parat fɔtɔgra'fitʃnɨ]
portable	**mój laptop** [muj 'laptɔp]
ma tablette	**mój tablet** [muj 'tablɛt]
mobile	**mój telefon** [muj tɛ'lefɔn]

Au secours!	**Pomocy!** [pɔ'mɔtsɨ!]
Qu'est-il arrivé?	**Co się stało?** ['tsɔ ɕɛ 'stawɔ?]
un incendie	**pożar** ['pɔʒar]

des coups de feu	**strzał** ['stʃaw]
un meurtre	**morderca** [mɔ'rdɛrtsa]
une explosion	**wybuch** ['vɨbux]
une bagarre	**bójka** ['bujka]

Appelez la police!	**Proszę zadzwonić na policję!** ['prɔʃɛ za'dzvɔɲitɕ na pɔ'ʎitsjɛ!]
Dépêchez-vous, s'il vous plaît!	**Proszę się pospieszyć!** ['prɔʃɛ ɕɛ pɔ'spʲɛʃitɕ!]
Je cherche le commissariat de police.	**Szukam komendy policji.** ['ʃukam kɔ'mɛndɨ pɔ'ʎitsji]
Il me faut faire un appel.	**Muszę zadzwonić.** ['muʃɛ za'dzvɔɲitɕ]
Puis-je utiliser votre téléphone?	**Czy mogę skorzystać z telefonu?** [tʃɨ 'mɔgɛ skɔ'ʑistatɕ s tɛle'fɔnu?]

J'ai été …	**Zostałem /Zostałam/ …** [zɔ'stawɛm /zɔ'stawam/ …]
agressé /agressée/	**obrabowany /obrabowana/** [ɔbrabɔ'vanɨ /ɔbrabɔ'vana/]
volé /volée/	**okradziony /okradziona/** [ɔkra'dʑɔnɨ /ɔkra'dʑɔna/]
violée	**zgwałcona** [zgva'wtsɔna]
attaqué /attaquée/	**pobity /pobita/** [pɔ'bʲitɨ /pɔ'bʲita/]

Est-ce que ça va?	**Czy wszystko w porządku?** [tʃɨ 'fʃistkɔ f pɔ'ʑɔntku?]
Avez-vous vu qui c'était?	**Czy widział pan /widziała pani/ kto to był?** [tʃɨ 'vʲidʑaw pan /vʲi'dʑawa 'paɲi/ 'ktɔ tɔ 'bɨw?]
Pourriez-vous reconnaître cette personne?	**Czy może pan /pani/ rozpoznać sprawcę?** [tʃɨ 'mɔʒɛ pan /'paɲi/ rɔ'spɔznatɕ 'spraftsɛ?]
Vous êtes sûr?	**Jest pan pewny /pani pewna/?** ['jɛst pan 'pɛvnɨ /'paɲi 'pɛvna/?]

Calmez-vous, s'il vous plaît.	**Proszę się uspokoić.** ['prɔʃɛ ɕɛ uspɔ'kɔitɕ]
Calmez-vous!	**Spokojnie!** [spɔ'kɔjɲɛ!]
Ne vous inquiétez pas.	**Proszę się nie martwić!** ['prɔʃɛ ɕɛ ɲe 'martfitɕ!]
Tout ira bien.	**Wszystko będzie dobrze.** [fʃistkɔ 'bɛndʑɛ 'dɔbʒɛ]

Ça va. Tout va bien.

Wszystko jest w porządku.
[ffistkɔ 'jɛsd f pɔ'ʒɔntku]

Venez ici, s'il vous plaît.

Proszę tu podejść.
['prɔʃɛ tu 'pɔdɛjɕtɕ]

J'ai des questions à vous poser.

Mam kilka pytań.
[mam 'kʲiʎka 'pitaɲ]

Attendez un moment, s'il vous plaît.

Proszę chwilę zaczekać.
['prɔʃɛ 'xvʲilɛ za'tʃɛkatɕ]

Avez-vous une carte d'identité?

Czy ma pan /pani/ dowód tożsamości?
[tʃi ma pan /'paɲi/ 'dɔvut tɔʃsa'mɔɕtɕi?]

Merci. Vous pouvez partir maintenant.

Dziękuję. Może pan /pani/ odejść.
[dʑiɛŋ'kujɛ. 'mɔʒɛ pan /'paɲi/ 'ɔdɛjɕtɕ]

Les mains derrière la tête!

Ręce za głowę!
['rɛntsɛ za 'gwɔvɛ!]

Vous êtes arrêté!

**Jest pan aresztowany
/pani aresztowana/!**
['jɛst pan arɛʃtɔ'vani
/'paɲi arɛʃtɔ'vana/!]

Problèmes de santé

Aidez-moi, s'il vous plaît.
Proszę mi pomóc.
['prɔʃɛ mʲi 'pɔmuts]

Je ne me sens pas bien.
Źle się czuję.
[ʑlɛ ɕiɛ 'ʧujɛ]

Mon mari ne se sent pas bien.
Mój mąż nie czuje się dobrze.
[muj 'mɔ̃ʒ ɲɛ 'ʧujɛ ɕiɛ 'dɔbʒɛ]

Mon fils ...
Mój syn ...
[muj 'sɨn ...]

Mon père ...
Mój ojciec ...
[muj 'ɔjtɕɛts ...]

Ma femme ne se sent pas bien.
Moja żona nie czuje się dobrze.
['mɔja 'ʒɔna ɲɛ 'ʧujɛ ɕiɛ 'dɔbʒɛ]

Ma fille ...
Moja córka ...
['mɔja 'tsurka ...]

Ma mère ...
Moja matka ...
['mɔja 'matka ...]

J'ai mal ...
Boli mnie ...
['bɔʎi 'mɲɛ ...]

à la tête
głowa
['gwɔva]

à la gorge
gardło
['gardwɔ]

à l'estomac
brzuch
['bʒux]

aux dents
ząb
['zɔmp]

J'ai le vertige.
Kręci mi się w głowie.
['krɛntɕi mʲi ɕiɛ v 'gwɔvʲɛ]

Il a de la fièvre.
On ma gorączkę.
[ɔn ma gɔ'rɔnʧkɛ]

Elle a de la fièvre.
Ona ma gorączkę.
['ɔna ma gɔ'rɔnʧkɛ]

Je ne peux pas respirer.
Nie mogę oddychać.
[ɲɛ 'mɔgɛ ɔ'ddɨxatɕ]

J'ai du mal à respirer.
Mam krótki oddech.
[mam 'krutkʲi 'ɔddɛx]

Je suis asthmatique.
Jestem astmatykiem.
['jɛstɛm astma'tikʲɛm]

Je suis diabétique.
Jestem diabetykiem.
['jɛstɛm diabɛ'tikʲɛm]

Je ne peux pas dormir.	**Mam problemy ze snem.** [mam prɔ'blɛmɨ zɛ 'snɛm]
intoxication alimentaire	**Zatrułem się jedzeniem** [za'truwɛm ɕiɛ jɛ'dzɛɲɛm]

Ça fait mal ici.	**Boli mnie tu.** ['bɔʎi 'mɲɛ 'tu]
Aidez-moi!	**Pomocy!** [pɔ'mɔtsɨ!]
Je suis ici!	**Jestem tu!** ['jɛstɛm 'tu!]
Nous sommes ici!	**Tu jesteśmy!** [tu jɛ'stɛɕmɨ!]
Sortez-moi d'ici!	**Wyjmijcie mnie stąd!** [vɨ'jmijtɕɛ 'mɲɛ 'stɔnt!]
J'ai besoin d'un docteur.	**Potrzebuję lekarza.** [pɔtʃɛ'bujɛ lɛ'kaʒa]
Je ne peux pas bouger!	**Nie mogę się ruszać.** [ɲɛ 'mɔgɛ ɕiɛ 'ruʃatɕ]
Je ne peux pas bouger mes jambes.	**Nie mogę się ruszać nogami.** [ɲɛ 'mɔgɛ ɕiɛ 'ruʃatɕ nɔ'gamʲi]

Je suis blessé /blessée/	**Jestem ranny /ranna/.** ['jɛstɛm 'rannɨ /'ranna/]
Est-ce que c'est sérieux?	**Czy to poważne?** [tʃɨ tɔ pɔ'vaʒnɛ?]
Mes papiers sont dans ma poche.	**Moje dokumenty są w kieszeni.** ['mɔjɛ dɔku'mɛntɨ 'sɔ f kʲɛ'ʃɛɲi]
Calmez-vous!	**Proszę się uspokoić.** ['prɔʃɛ ɕiɛ uspɔ'kɔitɕ]
Puis-je utiliser votre téléphone?	**Czy mogę skorzystać z telefonu?** [tʃɨ 'mɔgɛ skɔ'ʒɨstatɕ s tɛlɛ'fɔnu?]

Appelez une ambulance!	**Proszę wezwać karetkę!** ['prɔʃɛ 'vɛzvatɕ ka'rɛtkɛ!]
C'est urgent!	**To pilne!** [tɔ 'pʲilnɛ!]
C'est une urgence!	**To nagłe!** [tɔ 'nagwɛ!]
Dépêchez-vous, s'il vous plaît!	**Proszę się pospieszyć!** ['prɔʃɛ ɕiɛ pɔ'spʲɛʃitɕ!]
Appelez le docteur, s'il vous plaît.	**Czy może pan /pani/ zadzwonić po lekarza?** [tʃɨ 'mɔʒɛ pan /'paɲi/ za'dzvɔɲitɕ pɔ lɛ'kaʒa?]
Où est l'hôpital?	**Gdzie jest szpital?** [gdʑɛ 'jɛst ʃpʲi'tal?]

Comment vous sentez-vous?	**Jak się pan /pani/ czuje?** ['jak ɕiɛ pan /'paɲi/ 'tʃujɛ?]
Est-ce que ça va?	**Czy wszystko w porządku?** [tʃɨ 'fʃistkɔ f pɔ'ʒɔntku?]

Qu'est-il arrivé?

Co się stało?
['tsɔ ɕiɛ 'stawɔ?]

Je me sens mieux maintenant.

Czuję się już lepiej.
['ʧujɛ ɕiɛ 'juʒ 'lɛpʲɛj]

Ça va. Tout va bien.

W porządku.
[f pɔ'ʒɔntku]

Ça va.

Wszystko w porządku.
['fʃistkɔ f pɔ'ʒɔntku]

À la pharmacie

pharmacie	**apteka** [a'ptɛka]
pharmacie 24 heures	**apteka całodobowa** [a'ptɛka tsawodɔ'bova]
Où se trouve la pharmacie la plus proche?	**Gdzie jest najbliższa apteka?** [gdʑɛ 'jɛst najb'ʎiʃʃa a'ptɛka?]
Est-elle ouverte en ce moment?	**Czy jest teraz otwarta?** [tʃɨ 'jɛst 'tɛraz ɔ'tfarta?]
À quelle heure ouvre-t-elle?	**Od której jest czynne?** [ɔt 'kturɛj 'jɛst 'tʃɨnnɛ?]
à quelle heure ferme-t-elle?	**Do której jest czynne?** [dɔ 'kturɛj 'jɛst 'tʃɨnnɛ?]
C'est loin?	**Czy to daleko?** [tʃɨ tɔ da'lɛkɔ?]
Est-ce que je peux y aller à pied?	**Czy mogę tam dojść pieszo?** [tʃɨ 'mɔgɛ tam 'dɔjɕtɕ 'pʲɛʃɔ?]
Pouvez-vous me le montrer sur la carte?	**Czy może mi pan /pani/ pokazać na mapie?** [tʃɨ 'mɔʒɛ mʲi pan /'paɲi/ pɔ'kazatɕ na 'mapʲɛ?]
Pouvez-vous me donner quelque chose contre …	**Proszę coś na …** ['prɔʃɛ 'tsɔɕ na …]
le mal de tête	**ból głowy** [bul 'gwɔvɨ]
la toux	**kaszel** ['kaʃɛl]
le rhume	**przeziębienie** [pʃɛʑiɛm'bʲɛɲɛ]
la grippe	**grypę** ['grɨpɛ]
la fièvre	**gorączkę** [gɔ'rɔntʃkɛ]
un mal d'estomac	**ból brzucha** [bul 'bʒuxa]
la nausée	**nudności** [nu'dnɔɕtɕi]
la diarrhée	**rozwolnienie** [rɔzvɔ'lɲɛɲɛ]
la constipation	**zatwardzenie** [zatfar'dzɛɲɛ]

un mal de dos	**ból pleców** [bul 'plɛtsuf]
les douleurs de poitrine	**ból w klatce piersiowej** [bul f 'klattsɛ pʲɛ'rɕɔvɛj]
les points de côté	**kolkę** ['kɔʎkɛ]
les douleurs abdominales	**ból brzucha** [bul 'bʒuxa]

une pilule	**tabletka** [ta'blɛtka]
un onguent, une crème	**maść** ['maɕtɕ]
un sirop	**syrop** ['sɨrɔp]
un spray	**spray** ['spraɨ]
les gouttes	**drażetki** [dra'ʒɛtkʲi]

Vous devez allez à l'hôpital.	**Musi pan /pani/ iść do szpitala.** ['muɕi pan /'paɲi/ 'iɕtɕ dɔ ʃpʲi'tala]
assurance maladie	**polisa na życie** [pɔ'ʎisa na 'ʒɨtɕɛ]
prescription	**recepta** [rɛ'tsɛpta]
produit anti-insecte	**środek na owady** ['ɕrɔdɛk na ɔ'vadɨ]
bandages adhésifs	**plaster** ['plastɛr]

Les essentiels

Excusez-moi, ...	**Przepraszam, ...** [pʃɛ'praʃam, ...]
Bonjour	**Witam.** ['vʲitam]
Merci	**Dziękuję.** [dʑiɛŋ'kujɛ]
Au revoir	**Do widzenia.** [dɔ vʲi'dzɛɲa]
Oui	**Tak.** [tak]
Non	**Nie.** [ɲɛ]
Je ne sais pas.	**Nie wiem.** [ɲɛ 'vʲɛm]
Où? | Où? | Quand?	**Gdzie? | Dokąd? | Kiedy?** [gdʑɛ? | 'dɔkɔnt? | 'kʲɛdɨ?]

J'ai besoin de ...	**Potrzebuję ...** [pɔtʃɛ'bujɛ ...]
Je veux ...	**Chcę ...** ['xtsɛ ...]
Avez-vous ...?	**Czy jest ...?** [tʃɨ 'jɛst ...?]
Est-ce qu'il y a ... ici?	**Czy jest tutaj ...?** [tʃɨ 'jɛst 'tutaj ...?]
Puis-je ...?	**Czy mogę ...?** [tʃɨ 'mɔgɛ ...?]
s'il vous plaît (pour une demande)	**..., poproszę** [..., pɔ'prɔʃɛ]

Je cherche ...	**Szukam ...** ['ʃukam ...]
les toilettes	**toalety** [tɔa'lɛtɨ]
un distributeur	**bankomatu** [bankɔ'matu]
une pharmacie	**apteki** [a'ptɛkʲi]
l'hôpital	**szpitala** [ʃpʲi'tala]
le commissariat de police	**komendy policji** [kɔ'mɛndɨ pɔ'ʎitsji]
une station de métro	**metra** ['mɛtra]

un taxi	**taksówki** [ta'ksufkʲi]
la gare	**dworca kolejowego** ['dvɔrtsa kɔlɛjɔ'vɛgɔ]

Je m'appelle …	**Mam na imię …** [mam na 'imʲiɛ …]
Comment vous appelez-vous?	**Jak pan /pani/ ma na imię?** ['jak pan /'paɲi/ ma na 'imʲiɛ?]
Aidez-moi, s'il vous plaît.	**Czy może pan /pani/ mi pomóc?** [ʧɨ 'mɔʒɛ pan /'paɲi/ mʲi 'pɔmuts?]
J'ai un problème.	**Mam problem.** [mam 'prɔblɛm]
Je ne me sens pas bien.	**Źle się czuję.** [ʑlɛ ɕiɛ 'ʧujɛ]
Appelez une ambulance!	**Proszę wezwać karetkę!** ['prɔʃɛ 'vɛzvaʨ ka'rɛtkɛ!]
Puis-je faire un appel?	**Czy mogę zadzwonić?** [ʧɨ 'mɔgɛ za'dzvɔɲiʨ?]

Excusez-moi.	**Przepraszam.** [pʃɛ'praʃam]
Je vous en prie.	**Proszę bardzo.** ['prɔʃɛ 'bardzɔ]

je, moi	**ja** ['ja]
tu, toi	**ty** ['tɨ]
il	**on** [ɔn]
elle	**ona** ['ɔna]
ils	**oni** ['ɔɲi]
elles	**one** ['ɔnɛ]
nous	**my** ['mɨ]
vous	**wy** ['vɨ]
Vous	**pan /pani/** [pan /'paɲi/]

ENTRÉE	**WEJŚCIE** ['vɛjɕʨɛ]
SORTIE	**WYJŚCIE** ['vɨjɕʨɛ]
HORS SERVICE | EN PANNE	**NIECZYNNY** [ɲɛ'ʧɨnnɨ]
FERMÉ	**ZAMKNIĘTE** [za'mkɲiɛntɛ]

OUVERT	**OTWARTE** [ɔ'tfartɛ]
POUR LES FEMMES	**PANIE** ['paɲɛ]
POUR LES HOMMES	**PANOWIE** [pa'nɔvʲɛ]

VOCABULAIRE THÉMATIQUE

Cette section contient plus
de 3000 des mots les plus
importants. Le dictionnaire
sera d'une aide indispensable
lors de voyages à l'étranger
puisque les mots individuels
sont souvent assez pour être
compris. Le dictionnaire
comprend une transcription
utile de chaque mot

T&P Books Publishing

CONTENU DU DICTIONNAIRE

Concepts de base	75
Nombres. Divers	81
Les couleurs. Les unités de mesure	85
Les verbes les plus importants	89
La notion de temps. Le calendrier	95
Les voyages. L'hôtel	101
Les transports	105
La ville	111
Les vêtements & les accessoires	119
L'expérience quotidienne	125
Les repas. Le restaurant	133
Les données personnelles. La famille	143
Le corps humain. Les médicaments	147
L'appartement	155
La Terre. Le temps	161
La faune	173
La flore	181
Les pays du monde	187

T&P Books Publishing

T&P BOOKS

CONCEPTS DE BASE

1. Les pronoms
2. Adresser des vœux. Se dire bonjour
3. Les questions
4. Les prépositions
5. Les mots-outils. Les adverbes.
   Partie 1
6. Les mots-outils. Les adverbes.
   Partie 2

T&P Books Publishing

1. Les pronoms

je	**ja**	[ja]
tu	**ty**	[ti]
il	**on**	[ɔn]
elle	**ona**	['ɔna]
ça	**ono**	['ɔnɔ]
nous	**my**	[mi]
vous	**wy**	[vi]
ils, elles	**one**	['ɔnɛ]

2. Adresser des vœux. Se dire bonjour

Bonjour! (fam.)	**Dzień dobry!**	[dʒɛɲ 'dɔbri]
Bonjour! (form.)	**Dzień dobry!**	[dʒɛɲ 'dɔbri]
Bonjour! (le matin)	**Dzień dobry!**	[dʒɛɲ 'dɔbri]
Bonjour! (après-midi)	**Dzień dobry!**	[dʒɛɲ 'dɔbri]
Bonsoir!	**Dobry wieczór!**	[dɔbri 'vetʃur]
dire bonjour	**witać się**	['vitatʃ ɕɛ̃]
Salut!	**Cześć!**	[tʃɛɕtʃ]
salut (m)	**pozdrowienia** (l.mn.)	[pozdrɔ'vɛɲa]
saluer (vt)	**witać**	['vitatʃ]
Comment ça va?	**Jak się masz?**	[jak ɕɛ̃ maʃ]
Quoi de neuf?	**Co nowego?**	[tsɔ nɔ'vɛgɔ]
Au revoir!	**Do widzenia!**	[dɔ vi'dzɛɲa]
À bientôt!	**Do zobaczenia!**	[dɔ zɔbat'ʃɛɲa]
Adieu! (fam.)	**Żegnaj!**	['ʒɛgnaj]
Adieu! (form.)	**Żegnam!**	['ʒɛgnam]
dire au revoir	**żegnać się**	['ʒɛgnatʃ ɕɛ̃]
Salut! (À bientôt!)	**Na razie!**	[na 'raʒe]
Merci!	**Dziękuję!**	[dʒɛ̃'kue]
Merci beaucoup!	**Bardzo dziękuję!**	[bardzɔ dʒɛ̃'kuɛ̃]
Je vous en prie	**Proszę**	['prɔʃɛ̃]
Il n'y a pas de quoi	**To drobiazg**	[tɔ 'drɔbʲazk]
Pas de quoi	**Nie ma za co**	['ne ma 'za tsɔ]
Excuse-moi! Excusez-moi!	**Przepraszam!**	[pʃɛp'raʃam]
excuser (vt)	**wybaczać**	[vi'batʃatʃ]
s'excuser (vp)	**przepraszać**	[pʃɛp'raʃatʃ]

Mes excuses	Przepraszam!	[pʃɛp'raʃam]
Pardonnez-moi!	Przepraszam!	[pʃɛp'raʃam]
pardonner (vt)	wybaczać	[vɨ'batʃatʃ]
s'il vous plaît	proszę	['prɔʃɛ̃]

N'oubliez pas!	Nie zapomnijcie!	[ne zapɔm'nijtʃe]
Bien sûr!	Oczywiście!	[ɔtʃi'viçtʃe]
Bien sûr que non!	Oczywiście, że nie!	[ɔtʃiviçtʃe ʒɛ 'ne]
D'accord!	Zgoda!	['zgɔda]
Ça suffit!	Dosyć!	['dɔsitʃ]

3. Les questions

Qui?	Kto?	[ktɔ]
Quoi?	Co?	[tsɔ]
Où? (~ es-tu?)	Gdzie?	[gdʒe]
Où? (~ vas-tu?)	Dokąd?	['dɔkɔ̃t]
D'où?	Skąd?	[skɔ̃t]
Quand?	Kiedy?	['kedɨ]
Pourquoi? (~ es-tu venu?)	Dlaczego?	[dʎat'ʃɛgɔ]
Pourquoi? (~ t'es pâle?)	Czemu?	['tʃɛmu]

À quoi bon?	Do czego?	[dɔ 'tʃɛgɔ]
Comment?	Jak?	[jak]
Quel? (à ~ prix?)	Jaki?	['jaki]
Lequel?	Który?	['kturɨ]

De qui?	O kim?	['ɔ kim]
De quoi?	O czym?	['ɔ tʃim]
Avec qui?	Z kim?	[s kim]

| Combien? | Ile? | ['ile] |
| À qui? (~ est ce livre?) | Czyj? | [tʃij] |

4. Les prépositions

avec (~ toi)	z	[z]
sans (~ sucre)	bez	[bɛz]
à (aller ~...)	do	[dɔ]
de (au sujet de)	o	[ɔ]
avant (~ midi)	przed	[pʃɛt]
devant (~ la maison)	przed	[pʃɛt]

sous (~ la commode)	pod	[pɔt]
au-dessus de ...	nad	[nat]
sur (dessus)	na	[na]
de (venir ~ Paris)	z ... , ze ...	[z], [zɛ]
en (en bois, etc.)	z ... , ze ...	[z], [zɛ]

| dans (~ deux heures) | za | [za] |
| par dessus | przez | [pʃɛs] |

5. Les mots-outils. Les adverbes. Partie 1

Où? (~ es-tu?)	Gdzie?	[gdʑe]
ici (c'est ~)	tu	[tu]
là-bas (c'est ~)	tam	[tam]

| quelque part (être) | gdzieś | [gdʑeɕ] |
| nulle part (adv) | nigdzie | ['nigdʑe] |

| près de ... | koło, przy | ['kɔwɔ], [pʃi] |
| près de la fenêtre | przy oknie | [pʃi 'ɔkne] |

Où? (~ vas-tu?)	Dokąd?	['dɔkɔ̃t]
ici (Venez ~)	tutaj	['tutaj]
là-bas (j'irai ~)	tam	[tam]
d'ici (adv)	stąd	[stɔ̃t]
de là-bas (adv)	stamtąd	['stamtɔ̃t]

| près (pas loin) | blisko | ['bliskɔ] |
| loin (adv) | daleko | [da'lɛkɔ] |

près de (~ Paris)	koło	['kɔwɔ]
tout près (adv)	obok	['ɔbɔk]
pas loin (adv)	niedaleko	[neda'lekɔ]

gauche (adj)	lewy	['levi]
à gauche (être ~)	z lewej	[z 'levɛj]
à gauche (tournez ~)	w lewo	[v 'levɔ]

droit (adj)	prawy	['pravi]
à droite (être ~)	z prawej	[s 'pravɛj]
à droite (tournez ~)	w prawo	[f 'pravɔ]

devant (adv)	z przodu	[s 'pʃɔdu]
de devant (adj)	przedni	['pʃedni]
en avant (adv)	naprzód	['napʃut]

derrière (adv)	z tyłu	[s 'tiwu]
par derrière (adv)	od tyłu	[ɔt 'tiwɨ]
en arrière (regarder ~)	do tyłu	[dɔ 'tiwu]

| milieu (m) | środek (m) | ['ɕrɔdɛk] |
| au milieu (adv) | w środku | [f 'ɕrɔdku] |

de côté (vue ~)	z boku	[z 'bɔku]
partout (adv)	wszędzie	['fʃɛ̃dʑe]
autour (adv)	dookoła	[dɔːˈkɔwa]

de l'intérieur	z wewnątrz	[z 'vɛvnɔ̃tʃ]
quelque part (aller)	dokądś	['dɔkɔ̃tɕ]
tout droit (adv)	na wprost	['na fprɔst]
en arrière (revenir ~)	z powrotem	[s pɔv'rɔtɛm]
de quelque part (n'import d'où)	skądkolwiek	[skɔ̃t'kɔʌvek]
de quelque part (on ne sait pas d'où)	skądś	[skɔ̃tɕ]
premièrement (adv)	po pierwsze	[pɔ 'perfʃɛ]
deuxièmement (adv)	po drugie	[pɔ 'druge]
troisièmement (adv)	po trzecie	[pɔ 'tʃɛtʃe]
soudain (adv)	nagle	['nagle]
au début (adv)	na początku	[na pɔt'ʃɔ̃tku]
pour la première fois	po raz pierwszy	[pɔ ras 'perfʃi]
bien avant …	na długo przed …	[na 'dwugɔ pʃɛt]
de nouveau (adv)	od nowa	[ɔd 'nɔva]
pour toujours (adv)	na zawsze	[na 'zafʃɛ]
jamais (adv)	nigdy	['nigdi]
de nouveau, encore (adv)	znowu	['znɔvu]
maintenant (adv)	teraz	['tɛras]
souvent (adv)	często	['tʃɛnstɔ]
alors (adv)	wtedy	['ftɛdi]
d'urgence (adv)	pilnie	['piʌne]
d'habitude (adv)	zwykle	['zvikle]
à propos, …	a propos	[a prɔ'pɔ]
c'est possible	może, możliwe	['mɔʒɛ], [mɔʒ'live]
probablement (adv)	prawdopodobnie	[pravdɔpɔ'dɔbne]
peut-être (adv)	być może	[bitʃ 'mɔʒɛ]
en plus, …	poza tym	[pɔ'za tim]
c'est pourquoi …	dlatego	[dʌa'tɛgɔ]
malgré …	mimo że …	['mimɔ ʒɛ]
grâce à …	dzięki	['dʒɛ̃ki]
quoi (pron)	co	[tsɔ]
que (conj)	że	[ʒɛ]
quelque chose (Il m'est arrivé ~)	coś	[tsɔɕ]
quelque chose (peut-on faire ~)	cokolwiek	[tsɔ'kɔʌvek]
rien (m)	nic	[nits]
qui (pron)	kto	[ktɔ]
quelqu'un (on ne sait pas qui)	ktoś	[ktɔɕ]
quelqu'un (n'importe qui)	ktokolwiek	[ktɔ'kɔʌvek]
personne (pron)	nikt	[nikt]
nulle part (aller ~)	nigdzie	['nigdʒe]

| de personne | niczyj | ['nitʃij] |
| de n'importe qui | czyjkolwiek | [tʃij'kɔʌvek] |

comme ça (adv)	tak	[tak]
également (adv)	także	['tagʒɛ]
aussi (adv)	też	[tɛʃ]

6. Les mots-outils. Les adverbes. Partie 2

Pourquoi?	Dlaczego?	[dʌat'ʃɛgɔ]
pour une certaine raison	z jakiegoś powodu	[z ja'kegɔɕ pɔ'vɔdu]
parce que ...	dlatego, że ...	[dla'tɛgɔ], [ʒɛ]
pour une raison quelconque	po coś	['pɔ tsɔɕ]

et (conj)	i	[i]
ou (conj)	albo	['aʌbɔ]
mais (conj)	ale	['ale]
pour ... (prep)	dla	[dʌa]

trop (adv)	zbyt	[zbɨt]
seulement (adv)	tylko	['tɨʌkɔ]
précisément (adv)	dokładnie	[dɔk'wadne]
près de ... (prep)	około	[ɔ'kɔwɔ]

approximativement	w przybliżeniu	[f pʃibli'ʒɛny]
approximatif (adj)	przybliżony	[pʃibli'ʒɔnɨ]
presque (adv)	prawie	['prave]
reste (m)	reszta (ż)	['rɛʃta]
chaque (adj)	każdy	['kaʒdɨ]
n'importe quel (adj)	jakikolwiek	[jaki'kɔʌvjek]
beaucoup (adv)	dużo	['duʒɔ]
plusieurs (pron)	wiele	['vele]
tous	wszystkie	['fʃistke]

en échange de ...	w zamian za ...	[v 'zamʲan za]
en échange (adv)	zamiast	['zamʲast]
à la main (adv)	ręcznie	['rɛntʃne]
peu probable (adj)	ledwo, prawie	['ledvɔ], ['pravje]

probablement (adv)	prawdopodobnie	[pravdɔpɔ'dɔbne]
exprès (adv)	celowo	[tsɛ'lɔvɔ]
par accident (adv)	przypadkiem	[pʃi'patkem]

très (adv)	bardzo	['bardzɔ]
par exemple (adv)	na przykład	[na 'pʃikwat]
entre (prep)	między	['mendzi]
parmi (prep)	wśród	[fɕrut]
autant (adv)	aż tyle	[aʒ 'tɨle]
surtout (adv)	szczególnie	[ʃtʃɛ'guʌne]

T&P BOOKS

NOMBRES. DIVERS

7. Les nombres cardinaux. Partie 1
8. Les nombres cardinaux. Partie 2
9. Les nombres ordinaux

T&P Books Publishing

zéro	**zero**	['zɛrɔ]
un	**jeden**	['edɛn]
deux	**dwa**	[dva]
trois	**trzy**	[tʃi]
quatre	**cztery**	['tʃtɛri]
cinq	**pięć**	[pɛ̃tʃ]
six	**sześć**	[ʃɛɕtʃ]
sept	**siedem**	['ɕɛdɛm]
huit	**osiem**	['ɔɕem]
neuf	**dziewięć**	['dʒevɛ̃tʃ]
dix	**dziesięć**	['dʒeɕɛ̃tʃ]
onze	**jedenaście**	[edɛ'naɕtʃe]
douze	**dwanaście**	[dva'naɕtʃe]
treize	**trzynaście**	[tʃi'naɕtʃe]
quatorze	**czternaście**	[tʃtɛr'naɕtʃe]
quinze	**piętnaście**	[pɛ̃t'naɕtʃe]
seize	**szesnaście**	[ʃɛs'naɕtʃe]
dix-sept	**siedemnaście**	[ɕɛdɛm'naɕtʃe]
dix-huit	**osiemnaście**	[ɔɕem'naɕtʃe]
dix-neuf	**dziewiętnaście**	[dʒevɛ̃t'naɕtʃe]
vingt	**dwadzieścia**	[dva'dʒeɕtʃa]
vingt et un	**dwadzieścia jeden**	[dva'dʒeɕtʃa 'edɛn]
vingt-deux	**dwadzieścia dwa**	[dva'dʒeɕtʃa dva]
vingt-trois	**dwadzieścia trzy**	[dva'dʒeɕtʃa tʃi]
trente	**trzydzieści**	[tʃi'dʒeɕtʃi]
trente et un	**trzydzieści jeden**	[tʃi'dʒeɕtʃi 'edɛn]
trente-deux	**trzydzieści dwa**	[tʃi'dʒeɕtʃi dva]
trente-trois	**trzydzieści trzy**	[tʃi'dʒeɕtʃi tʃi]
quarante	**czterdzieści**	[tʃtɛr'dʒeɕtʃi]
quarante et un	**czterdzieści jeden**	[tʃtɛr'dʒeɕtʃi 'edɛn]
quarante-deux	**czterdzieści dwa**	[tʃtɛr'dʒeɕtʃi dva]
quarante-trois	**czterdzieści trzy**	[tʃtɛr'dʒeɕtʃi tʃi]
cinquante	**pięćdziesiąt**	[pɛ̃'dʒeɕɔ̃t]
cinquante et un	**pięćdziesiąt jeden**	[pɛ̃'dʒeɕɔ̃t 'edɛn]
cinquante-deux	**pięćdziesiąt dwa**	[pɛ̃'dʒeɕɔ̃t dva]
cinquante-trois	**pięćdziesiąt trzy**	[pɛ̃'dʒeɕɔ̃t tʃi]
soixante	**sześćdziesiąt**	[ʃɛɕ'dʒeɕɔ̃t]

soixante et un	sześćdziesiąt jeden	[ʃɛɕ'dʑeɕɔ̃t 'edɛn]
soixante-deux	sześćdziesiąt dwa	[ʃɛɕ'dʑeɕɔ̃t dva]
soixante-trois	sześćdziesiąt trzy	[ʃɛɕ'dʑeɕɔ̃t tʃi]

soixante-dix	siedemdziesiąt	[ɕedɛm'dʑeɕɔ̃t]
soixante et onze	siedemdziesiąt jeden	[ɕedɛm'dʑeɕɔ̃t 'edɛn]
soixante-douze	siedemdziesiąt dwa	[ɕedɛm'dʑeɕɔ̃t dva]
soixante-treize	siedemdziesiąt trzy	[ɕedɛm'dʑeɕɔ̃t tʃi]

quatre-vingts	osiemdziesiąt	[ɔɕem'dʑeɕɔ̃t]
quatre-vingt et un	osiemdziesiąt jeden	[ɔɕem'dʑeɕɔ̃t 'edɛn]
quatre-vingt deux	osiemdziesiąt dwa	[ɔɕem'dʑeɕɔ̃t dva]
quatre-vingt trois	osiemdziesiąt trzy	[ɔɕem'dʑeɕɔ̃t tʃi]

quatre-vingt-dix	dziewięćdziesiąt	[dʑevɛ̃'dʑeɕɔ̃t]
quatre-vingt et onze	dziewięćdziesiąt jeden	[dʑevɛ̃'dʑeɕɔ̃t edɛn]
quatre-vingt-douze	dziewięćdziesiąt dwa	[dʑevɛ̃'dʑeɕɔ̃t dva]
quatre-vingt-treize	dziewięćdziesiąt trzy	[dʑevɛ̃'dʑeɕɔ̃t tʃi]

8. Les nombres cardinaux. Partie 2

cent	sto	[stɔ]
deux cents	dwieście	['dveɕtʃe]
trois cents	trzysta	['tʃista]
quatre cents	czterysta	['tʃtɛrista]
cinq cents	pięćset	['pɛ̃tʃsɛt]

six cents	sześćset	['ʃɛɕtʃsɛt]
sept cents	siedemset	['ɕedɛmsɛt]
huit cents	osiemset	[ɔ'ɕemsɛt]
neuf cents	dziewięćset	['dʑevɛ̃tʃsɛt]

mille	tysiąc	['tiɕɔ̃ts]
deux mille	dwa tysiące	[dva tiɕɔ̃tsɛ]
trois mille	trzy tysiące	[tʃi tiɕɔ̃tsɛ]
dix mille	dziesięć tysięcy	['dʑeɕɛ̃tʃ ti'ɕentsi]
cent mille	sto tysięcy	[stɔ ti'ɕentsi]
million (m)	milion	['miʎɔn]
milliard (m)	miliard	['miʎart]

9. Les nombres ordinaux

premier (adj)	pierwszy	['perfʃi]
deuxième (adj)	drugi	['drugi]
troisième (adj)	trzeci	['tʃɛtʃi]
quatrième (adj)	czwarty	['tʃfarti]
cinquième (adj)	piąty	['pɔ̃ti]
sixième (adj)	szósty	['ʃusti]

septième (adj)	**siódmy**	['ɕudmi]
huitième (adj)	**ósmy**	['usmi]
neuvième (adj)	**dziewiąty**	[dʑevɔ̃ti]
dixième (adj)	**dziesiąty**	[dʑeɕɔ̃ti]

T&P BOOKS

LES COULEURS.
LES UNITÉS DE MESURE

10. Les couleurs
11. Les unités de mesure
12. Les récipients

T&P Books Publishing

couleur (f)	kolor (m)	['kɔlɜr]
teinte (f)	odcień (m)	['ɔtɕɛɲ]
ton (m)	ton (m)	[tɔn]
arc-en-ciel (m)	tęcza (ż)	['tɛntʃa]

blanc (adj)	biały	['bʲawi]
noir (adj)	czarny	['tʃarni]
gris (adj)	szary	['ʃari]

vert (adj)	zielony	[ʒe'lɜni]
jaune (adj)	żółty	['ʒuwti]
rouge (adj)	czerwony	[tʃɛr'vɔni]
bleu (adj)	ciemny niebieski	['tʃɛmni ne'beski]
bleu clair (adj)	niebieski	[ne'beski]
rose (adj)	różowy	[ru'ʒɔvi]
orange (adj)	pomarańczowy	[pɔmaraɲt'ʃɔvi]
violet (adj)	fioletowy	[fʲɔle'tɔvi]
brun (adj)	brązowy	[brõ'zɔvi]

d'or (adj)	złoty	['zwɔti]
argenté (adj)	srebrzysty	[srɛb'ʒisti]
beige (adj)	beżowy	[bɛ'ʒɔvi]
crème (adj)	kremowy	[krɛ'mɔvi]
turquoise (adj)	turkusowy	[turku'sɔvi]
rouge cerise (adj)	wiśniowy	[viɕ'nɜvi]
lilas (adj)	liliowy	[li'ʎɔvi]
framboise (adj)	malinowy	[mali'nɔvi]

clair (adj)	jasny	['jasni]
foncé (adj)	ciemny	['tʃemni]
vif (adj)	jasny	['jasni]

de couleur (adj)	kolorowy	[kɔlɜ'rɔvi]
en couleurs (adj)	kolorowy	[kɔlɜ'rɔvi]
noir et blanc (adj)	czarno-biały	['tʃarnɔ 'bʲawi]
unicolore (adj)	jednokolorowy	['ɜdnɔkɔlɜ'rɔvi]
multicolore (adj)	różnokolorowy	['ruʒnɔkɔlɜ'rɔvi]

| poids (m) | ciężar (m) | ['tʃenʒar] |
| longueur (f) | długość (ż) | ['dwugɔɕtʃ] |

largeur (f)	szerokość (z)	[ʃɛ'rɔkɔɕʧ]
hauteur (f)	wysokość (z)	[vɨ'sɔkɔɕʧ]
profondeur (f)	głębokość (z)	[gwɛ̃'bɔkɔɕʧ]
volume (m)	objętość (z)	[ɔbʰ"entɔɕʧ]
aire (f)	powierzchnia (z)	[pɔ'veʃhɲa]

gramme (m)	gram (m)	[gram]
milligramme (m)	miligram (m)	[mi'ligram]
kilogramme (m)	kilogram (m)	[ki'lɔgram]
tonne (f)	tona (z)	['tɔna]
livre (f)	funt (m)	[funt]
once (f)	uncja (z)	['untsʰja]

mètre (m)	metr (m)	[mɛtr]
millimètre (m)	milimetr (m)	[mi'limɛtr]
centimètre (m)	centymetr (m)	[tsɛn'tɨmɛtr]
kilomètre (m)	kilometr (m)	[ki'lɔmɛtr]
mille (m)	mila (z)	['miʎa]

pouce (m)	cal (m)	[tsaʎ]
pied (m)	stopa (z)	['stɔpa]
yard (m)	jard (m)	['jart]

mètre (m) carré	metr (m) kwadratowy	[mɛtr kfadra'tɔvɨ]
hectare (m)	hektar (m)	['hɛktar]
litre (m)	litr (m)	[litr]
degré (m)	stopień (m)	['stɔpeɲ]
volt (m)	wolt (m)	[vɔʎt]
ampère (m)	amper (m)	[am'pɛr]
cheval-vapeur (m)	koń (m) mechaniczny	[kɔɲ mɛha'nitʃnɨ]

quantité (f)	ilość (z)	['ilɔɕʧ]
un peu de …	niedużo …	[ne'duʒɔ]
moitié (f)	połowa (z)	[pɔ'wɔva]
douzaine (f)	tuzin (m)	['tuʑin]
pièce (f)	sztuka (z)	['ʃtuka]

dimension (f)	rozmiar (m)	['rɔzmʲar]
échelle (f) (de la carte)	skala (z)	['skaʎa]

minimal (adj)	minimalny	[mini'maʎnɨ]
le plus petit (adj)	najmniejszy	[najm'nejʃɨ]
moyen (adj)	średni	['ɕrɛdni]
maximal (adj)	maksymalny	[maksɨ'maʎnɨ]
le plus grand (adj)	największy	[naj'veŋkʃɨ]

12. Les récipients

bocal (m) en verre	słoik (m)	['swɔik]
boîte, canette (f)	puszka (z)	['puʃka]

seau (m)	wiadro (n)	['vʲadrɔ]
tonneau (m)	beczka (ż)	['bɛtʃka]
bassine, cuvette (f)	miednica (ż)	[med'nitsa]
cuve (f)	zbiornik (m)	['zbɔrnik]
flasque (f)	piersiówka (ż)	[per'ɕyvka]
jerrican (m)	kanister (m)	[ka'nistɛr]
citerne (f)	cysterna (ż)	[tsis'tɛrna]
tasse (f), mug (m)	kubek (m)	['kubɛk]
tasse (f)	filiżanka (ż)	[fili'ʒaŋka]
soucoupe (f)	spodek (m)	['spɔdɛk]
verre (m) (~ d'eau)	szklanka (ż)	['ʃkʎaŋka]
verre (m) à vin	kielich (m)	['keliɦ]
faitout (m)	garnek (m)	['garnɛk]
bouteille (f)	butelka (ż)	[bu'tɛʎka]
goulot (m)	szyjka (ż)	['ʃijka]
carafe (f)	karafka (ż)	[ka'rafka]
pichet (m)	dzbanek (m)	['dzbanɛk]
récipient (m)	naczynie (n)	[nat'ʃine]
pot (m)	garnek (m)	['garnɛk]
vase (m)	wazon (m)	['vazɔn]
flacon (m)	flakon (m)	[fʎa'kɔn]
fiole (f)	fiolka (ż)	[fʰɔʎka]
tube (m)	tubka (ż)	['tupka]
sac (m) (grand ~)	worek (m)	['vɔrɛk]
sac (m) (~ en plastique)	torba (ż)	['tɔrba]
paquet (m) (~ de cigarettes)	paczka (ż)	['patʃka]
boîte (f)	pudełko (n)	[pu'dɛwkɔ]
caisse (f)	skrzynka (ż)	['skʃiŋka]
panier (m)	koszyk (m)	['kɔʃik]

LES VERBES
LES PLUS IMPORTANTS

13. Les verbes les plus importants.
    Partie 1
14. Les verbes les plus importants.
    Partie 2
15. Les verbes les plus importants.
    Partie 3
16. Les verbes les plus importants.
    Partie 4

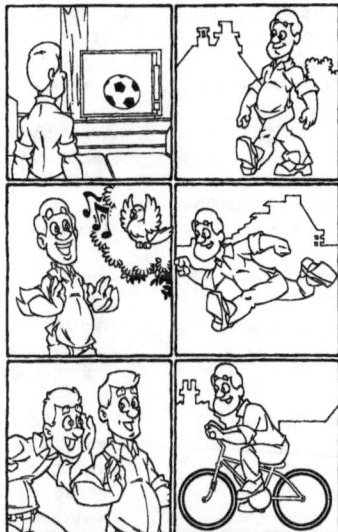

T&P Books Publishing

aider (vt)	pomagać	[pɔ'magatʃ]
aimer (qn)	kochać	['kɔhatʃ]
aller (à pied)	iść	[iɕtʃ]
apercevoir (vt)	zauważać	[zau'vaʒatʃ]
appartenir à ...	należeć	[na'leʒɛtʃ]
appeler (au secours)	wołać	['vɔwatʃ]
attendre (vt)	czekać	['tʃɛkatʃ]
attraper (vt)	łowić	['wɔvitʃ]
avertir (vt)	ostrzegać	[ɔst'ʃɛgatʃ]
avoir (vt)	mieć	[metʃ]
avoir confiance	ufać	['ufatʃ]
avoir faim	chcieć jeść	[htʃetʃ eɕtʃ]
avoir peur	bać się	[batʃ ɕɛ̃]
avoir soif	chcieć pić	[htʃetʃ pitʃ]
cacher (vt)	chować	['hɔvatʃ]
casser (briser)	psuć	[psutʃ]
cesser (vt)	przestawać	[pʃɛs'tavatʃ]
changer (vt)	zmienić	['zmenitʃ]
chasser (animaux)	polować	[pɔ'lɔvatʃ]
chercher (vt)	szukać	['ʃukatʃ]
choisir (vt)	wybierać	[vi'beratʃ]
commander (~ le menu)	zamawiać	[za'maviatʃ]
commencer (vt)	rozpoczynać	[rɔspɔt'ʃinatʃ]
comparer (vt)	porównywać	[pɔruv'nivatʃ]
comprendre (vt)	rozumieć	[rɔ'zumetʃ]
compter (dénombrer)	liczyć	['litʃitʃ]
compter sur ...	liczyć na ...	['litʃitʃ na]
confondre (vt)	mylić	['militʃ]
connaître (qn)	znać	[znatʃ]
conseiller (vt)	radzić	['radʒitʃ]
continuer (vt)	kontynuować	[kɔntinu'ɔvatʃ]
contrôler (vt)	kontrolować	[kɔntrɔ'lɔvatʃ]
courir (vi)	biec	[bets]
coûter (vt)	kosztować	[kɔʃ'tɔvatʃ]
créer (vt)	stworzyć	['stfɔʒitʃ]
creuser (vt)	kopać	['kɔpatʃ]
crier (vi)	krzyczeć	['kʃitʃɛtʃ]

14. Les verbes les plus importants. Partie 2

décorer (~ la maison)	ozdabiać	[ɔz'dabʲatʃ]
défendre (vt)	bronić	['bronitʃ]
déjeuner (vi)	jeść obiad	[eɕtʃ 'ɔbʲat]
demander (~ l'heure)	pytać	['pɨtatʃ]
demander (de faire qch)	prosić	['prɔɕitʃ]

descendre (vi)	schodzić	['sxɔdʑitʃ]
deviner (vt)	odgadnąć	[ɔd'gadnɔ̃tʃ]
dîner (vi)	jeść kolację	[eɕtʃ kɔ'ʎatsʰɛ̃]
dire (vt)	powiedzieć	[pɔ'vedʑetʃ]
diriger (~ une usine)	kierować	[ke'rɔvatʃ]
discuter (vt)	omawiać	[ɔ'mavʲatʃ]

donner (vt)	dawać	['davatʃ]
donner un indice	czynić aluzje	['tʃɨnitʃ a'lyzʰe]
douter (vt)	wątpić	['vɔ̃tpitʃ]
écrire (vt)	pisać	['pisatʃ]
entendre (bruit, etc.)	słyszeć	['swɨʃetʃ]

| entrer (vi) | wchodzić | ['fxɔdʑitʃ] |
| envoyer (vt) | wysyłać | [vɨ'sɨwatʃ] |

| espérer (vi) | mieć nadzieję | [metʃ na'dʑeɛ̃] |
| essayer (vt) | próbować | [pru'bɔvatʃ] |

| être (vi) | być | [bɨtʃ] |
| être d'accord | zgadzać się | ['zgadzatʃ ɕɛ̃] |

| être nécessaire | być potrzebnym | [bɨtʃ pɔt'ʃɛbnim] |
| être pressé | śpieszyć się | ['ɕpeʃitʃ ɕɛ̃] |

| étudier (vt) | studiować | [studʰ'ɔvatʃ] |
| exiger (vt) | zażądać | [za'ʒɔ̃datʃ] |

| exister (vi) | istnieć | ['istnetʃ] |
| expliquer (vt) | objaśniać | [ɔbʰ'jaɕɲatʃ] |

faire (vt)	robić	['rɔbitʃ]
faire tomber	upuszczać	[u'puʃtʃatʃ]
finir (vt)	kończyć	['kɔntʃitʃ]

| garder (conserver) | zachowywać | [zaxɔ'vivatʃ] |
| gronder, réprimander (vt) | besztać | ['bɛʃtatʃ] |

informer (vt)	informować	[infɔr'mɔvatʃ]
insister (vi)	nalegać	[na'legatʃ]
insulter (vt)	znieważać	[zne'vaʒatʃ]
inviter (vt)	zapraszać	[zap'raʃatʃ]
jouer (s'amuser)	grać	[gratʃ]

15. Les verbes les plus importants. Partie 3

libérer (ville, etc.)	**wyzwalać**	[vɨz'vaʎatɕ]
lire (vi, vt)	**czytać**	['tʃɨtatɕ]
louer (prendre en location)	**wynajmować**	[vɨnaj'mɔvatɕ]
manquer (l'école)	**opuszczać**	[ɔ'puʃtʃatɕ]
menacer (vt)	**grozić**	['grɔʑitɕ]
mentionner (vt)	**wspominać**	[fspɔ'minatɕ]
montrer (vt)	**pokazywać**	[pɔka'zɨvatɕ]
nager (vi)	**pływać**	['pwɨvatɕ]
objecter (vt)	**sprzeciwiać się**	[spʃɛ'tɕiviatɕ ɕɛ̃]
observer (vt)	**obserwować**	[ɔbsɛr'vɔvatɕ]
ordonner (mil.)	**rozkazywać**	[rɔska'zɨvatɕ]
oublier (vt)	**zapominać**	[zapɔ'minatɕ]
ouvrir (vt)	**otwierać**	[ɔt'feratɕ]
pardonner (vt)	**przebaczać**	[pʃɛ'batʃatɕ]
parler (vi, vt)	**rozmawiać**	[rɔz'maviatɕ]
participer à ...	**uczestniczyć**	[utʃɛst'nitʃɨtɕ]
payer (régler)	**płacić**	['pwatʃitɕ]
penser (vi, vt)	**myśleć**	['mɨɕletɕ]
permettre (vt)	**zezwalać**	[zɛz'vaʎatɕ]
plaire (être apprécié)	**podobać się**	[pɔ'dɔbatɕ ɕɛ̃]
plaisanter (vi)	**żartować**	[ʒar'tɔvatɕ]
planifier (vt)	**planować**	[pʎa'nɔvatɕ]
pleurer (vi)	**płakać**	['pwakatɕ]
posséder (vt)	**posiadać**	[pɔ'ɕadatɕ]
pouvoir (v aux)	**móc**	[muts]
préférer (vt)	**woleć**	['vɔletɕ]
prendre (vt)	**brać**	[bratɕ]
prendre en note	**zapisywać**	[zapi'sɨvatɕ]
prendre le petit déjeuner	**jeść śniadanie**	[ectɕ ɕɲa'dane]
préparer (le dîner)	**gotować**	[gɔ'tɔvatɕ]
prévoir (vt)	**przewidzieć**	[pʃɛ'vidʑetɕ]
prier (~ Dieu)	**modlić się**	['mɔdlitɕ ɕɛ̃]
promettre (vt)	**obiecać**	[ɔ'betsatɕ]
prononcer (vt)	**wymawiać**	[vɨ'maviatɕ]
proposer (vt)	**proponować**	[prɔpɔ'nɔvatɕ]
punir (vt)	**karać**	['karatɕ]

16. Les verbes les plus importants. Partie 4

recommander (vt)	**polecać**	[pɔ'letsatɕ]
regretter (vt)	**żałować**	[ʒa'wɔvatɕ]

répéter (dire encore)	powtarzać	[pɔf'taʒatʃ]
répondre (vi, vt)	odpowiadać	[ɔtpɔ'vʲadatʃ]
réserver (une chambre)	rezerwować	[rɛzɛr'vɔvatʃ]

rester silencieux	milczeć	['miʎtʃɛtʃ]
réunir (regrouper)	łączyć	['wõtʃitʃ]
rire (vi)	śmiać się	['ɕmʲatʃ ɕɛ̃]
s'arrêter (vp)	zatrzymywać się	[zatʃi'mɨvatʃ ɕɛ̃]
s'asseoir (vp)	siadać	['ɕadatʃ]

sauver (la vie à qn)	ratować	[ra'tɔvatʃ]
savoir (qch)	wiedzieć	['vedʒetʃ]
se baigner (vp)	kąpać się	['kõpatʃ ɕɛ̃]
se plaindre (vp)	skarżyć się	['skarʒitʃ ɕɛ̃]
se refuser (vp)	odmawiać	[ɔd'mavʲatʃ]

se tromper (vp)	mylić się	['mɨlitʃ ɕɛ̃]
se vanter (vp)	chwalić się	['hfalitʃ ɕɛ̃]
s'étonner (vp)	dziwić się	['dʒivitʃ ɕɛ̃]
s'excuser (vp)	przepraszać	[pʃɛp'raʃatʃ]
signer (vt)	podpisywać	[pɔtpi'sɨvatʃ]

signifier (vt)	znaczyć	['znatʃitʃ]
s'intéresser (vp)	interesować się	[intɛrɛ'sɔvatʃ ɕɛ̃]
sortir (aller dehors)	wychodzić	[vɨ'hɔdʒitʃ]
sourire (vi)	uśmiechać się	[uɕ'mehatʃ ɕɛ̃]
sous-estimer (vt)	nie doceniać	[nedɔ'tsɛɲatʃ]

suivre … (suivez-moi)	podążać	[pɔ'dõʒatʃ]
tirer (vi)	strzelać	['stʃɛʎatʃ]
tomber (vi)	spadać	['spadatʃ]
toucher (avec les mains)	dotykać	[dɔ'tɨkatʃ]
tourner (~ à gauche)	skręcać	['skrɛntsatʃ]

traduire (vt)	tłumaczyć	[twu'matʃitʃ]
travailler (vi)	pracować	[pra'tsɔvatʃ]
tromper (vt)	oszukiwać	[ɔʃu'kivatʃ]
trouver (vt)	znajdować	[znaj'dɔvatʃ]
tuer (vt)	zabijać	[za'bijatʃ]
vendre (vt)	sprzedawać	[spʃɛ'davatʃ]

venir (vi)	przyjeżdżać	[pʃi'eʒdʒatʃ]
voir (vt)	widzieć	['vidʒetʃ]
voler (avion, oiseau)	lecieć	['letʃetʃ]
voler (qch à qn)	kraść	[kraɕtʃ]
vouloir (vt)	chcieć	[htʃetʃ]

LA NOTION DE TEMPS.
LE CALENDRIER

17. Les jours de la semaine
18. Les heures. Le jour et la nuit
19. Les mois. Les saisons

T&P Books Publishing

17. Les jours de la semaine

lundi (m)	poniedziałek (m)	[pɔneˈdʒʲawɛk]
mardi (m)	wtorek (m)	[ˈftɔrɛk]
mercredi (m)	środa (ż)	[ˈɕrɔda]
jeudi (m)	czwartek (m)	[ˈtʃfartɛk]
vendredi (m)	piątek (m)	[pɔ̃tɛk]
samedi (m)	sobota (ż)	[sɔˈbɔta]
dimanche (m)	niedziela (ż)	[neˈdʒeʎa]

aujourd'hui (adv)	dzisiaj	[ˈdʒiɕaj]
demain (adv)	jutro	[ˈjutrɔ]
après-demain (adv)	pojutrze	[pɔˈjutʃɛ]
hier (adv)	wczoraj	[ˈftʃɔraj]
avant-hier (adv)	przedwczoraj	[pʃɛtftˈʃɔraj]

jour (m)	dzień (m)	[dʒeɲ]
jour (m) ouvrable	dzień (m) roboczy	[dʒeɲ rɔˈbɔtʃi]
jour (m) férié	dzień (m) świąteczny	[dʒeɲ ɕfɔ̃ˈtɛtʃni]
jour (m) de repos	dzień (m) wolny	[dʒeɲ ˈvɔʎni]
week-end (m)	weekend (m)	[uˈikɛnt]

toute la journée	cały dzień	[ˈtsawɨ dʒeɲ]
le lendemain	następnego dnia	[nastɛ̃pˈnɛgɔ dɲa]
il y a 2 jours	dwa dni temu	[dva dni ˈtɛmu]
la veille	w przeddzień	[f ˈpʃɛddʒeɲ]
quotidien (adj)	codzienny	[tsɔˈdʒeɲi]
tous les jours	codziennie	[tsɔˈdʒeɲe]

semaine (f)	tydzień (m)	[ˈtɨdʒeɲ]
la semaine dernière	w zeszłym tygodniu	[v ˈzɛʃwim tiˈgɔdny]
la semaine prochaine	w następnym tygodniu	[v nasˈtɛpnim tiˈgɔdny]
hebdomadaire (adj)	tygodniowy	[tigɔdˈnɔvi]
chaque semaine	co tydzień	[tsɔ tiˈdʒeɲ]
2 fois par semaine	dwa razy w tygodniu	[dva ˈrazi v tiˈgɔdny]
tous les mardis	co wtorek	[tsɔ ˈftɔrek]

18. Les heures. Le jour et la nuit

matin (m)	ranek (m)	[ˈranɛk]
le matin	rano	[ˈranɔ]
midi (m)	południe (n)	[pɔˈwudne]
dans l'après-midi	po południu	[pɔ pɔˈwudny]
soir (m)	wieczór (m)	[ˈvetʃur]

le soir	wieczorem	[vet'ʃɔrɛm]
nuit (f)	noc (z)	[nɔts]
la nuit	w nocy	[v 'nɔtsi]
minuit (f)	północ (z)	['puwnɔts]

seconde (f)	sekunda (z)	[sɛ'kunda]
minute (f)	minuta (z)	[mi'nuta]
heure (f)	godzina (z)	[gɔ'dʒina]
demi-heure (f)	pół godziny	[puw gɔ'dʒini]
un quart d'heure	kwadrans (m)	['kfadrans]
quinze minutes	piętnaście minut	[pɛ̃t'naʨe 'minut]
vingt-quatre heures	doba (z)	['dɔba]

lever (m) du soleil	wschód (m) słońca	[fshut 'swɔɲtsa]
aube (f)	świt (m)	[ɕfit]
point (m) du jour	wczesny ranek (m)	['fʧɛsni 'ranɛk]
coucher (m) du soleil	zachód (m)	['zahut]

tôt le matin	wcześnie rano	['fʧɛɕɲe 'ranɔ]
ce matin	dzisiaj rano	['dʒiʨaj 'ranɔ]
demain matin	jutro rano	['jutrɔ 'ranɔ]

cet après-midi	dzisiaj w dzień	['dʒiʨaj v dʒeɲ]
dans l'après-midi	po południu	[pɔ pɔ'wudny]
demain après-midi	jutro popołudniu	[jutrɔ pɔpɔ'wudny]

| ce soir | dzisiaj wieczorem | [dʒiʨaj vet'ʃɔrɛm] |
| demain soir | jutro wieczorem | ['jutrɔ vet'ʃɔrɛm] |

à 3 heures précises	równo o trzeciej	['ruvnɔ ɔ 'tʃɛʧej]
autour de 4 heures	około czwartej	[ɔ'kɔwɔ 'ʧfartɛj]
vers midi	na dwunastą	[na dvu'nastɔ̃]

dans 20 minutes	za dwadzieścia minut	[za dva'dʒeʨʲa 'minut]
dans une heure	za godzinę	[za gɔ'dʒinɛ̃]
à temps	na czas	[na ʧas]

... moins le quart	za kwadrans	[za 'kfadrans]
en une heure	w ciągu godziny	[f ʧɔ̃gu gɔ'dʒini]
tous les quarts d'heure	co piętnaście minut	[tsɔ pɛ̃t'naʨe 'minut]
24 heures sur 24	całą dobę	['tsawɔ̃ 'dɔbɛ̃]

19. Les mois. Les saisons

janvier (m)	styczeń (m)	['stiʧeɲ]
février (m)	luty (m)	['lyti]
mars (m)	marzec (m)	['maʒɛts]
avril (m)	kwiecień (m)	['kfeʧeɲ]
mai (m)	maj (m)	[maj]
juin (m)	czerwiec (m)	['ʧɛrvets]

juillet (m)	**lipiec** (m)	['lipets]
août (m)	**sierpień** (m)	['ɕerpeɲ]
septembre (m)	**wrzesień** (m)	['vʒɛɕeɲ]
octobre (m)	**październik** (m)	[paʑ'dʑernik]
novembre (m)	**listopad** (m)	[lis'tɔpat]
décembre (m)	**grudzień** (m)	['gruʤeɲ]
printemps (m)	**wiosna** (ż)	['vɔsna]
au printemps	**wiosną**	['vɔsnɔ̃]
de printemps (adj)	**wiosenny**	[vɔ'sɛɲɨ]
été (m)	**lato** (n)	['ʎatɔ]
en été	**latem**	['ʎatɛm]
d'été (adj)	**letni**	['letni]
automne (m)	**jesień** (ż)	['eɕeɲ]
en automne	**jesienią**	[e'ɕenɔ̃]
d'automne (adj)	**jesienny**	[e'ɕeɲɨ]
hiver (m)	**zima** (ż)	['ʒima]
en hiver	**zimą**	['ʒimɔ̃]
d'hiver (adj)	**zimowy**	[ʒi'mɔvɨ]
mois (m)	**miesiąc** (m)	['meɕɔ̃ts]
ce mois	**w tym miesiącu**	[f tɨm me'ɕɔ̃tsu]
le mois prochain	**w przyszłym miesiącu**	[v 'pʃɨsʃwim me'ɕɔ̃tsu]
le mois dernier	**w zeszłym miesiącu**	[v 'zɛʃwim me'ɕɔ̃tsu]
il y a un mois	**miesiąc temu**	['meɕɔ̃ts 'tɛmu]
dans un mois	**za miesiąc**	[za 'meɕɔ̃ts]
dans 2 mois	**za dwa miesiące**	[za dva me'ɕɔ̃tse]
tout le mois	**przez cały miesiąc**	[pʃɛs 'tsawɨ 'meɕɔ̃ts]
tout un mois	**cały miesiąc**	['tsawɨ 'meɕɔ̃ts]
mensuel (adj)	**comiesięczny**	[tsɔme'ɕentʃɲɨ]
mensuellement	**comiesięcznie**	[tsɔme'ɕentʃne]
chaque mois	**co miesiąc**	[tsɔ 'meɕɔ̃ts]
2 fois par mois	**dwa razy w miesiącu**	[dva 'razɨ v meɕɔ̃tsu]
année (f)	**rok** (m)	[rɔk]
cette année	**w tym roku**	[f tɨm 'rɔku]
l'année prochaine	**w przyszłym roku**	[v 'pʃɨsʃwim 'rɔku]
l'année dernière	**w zeszłym roku**	[v 'zɛʃwim 'rɔku]
il y a un an	**rok temu**	[rɔk 'tɛmu]
dans un an	**za rok**	[za rɔk]
dans 2 ans	**za dwa lata**	[za dva 'ʎata]
toute l'année	**cały rok**	['tsawɨ rɔk]
toute une année	**cały rok**	['tsawɨ rɔk]
chaque année	**co roku**	[tsɔ 'rɔku]
annuel (adj)	**coroczny**	[tsɔ'rɔtʃɲɨ]

annuellement	**corocznie**	[tsɔ'rɔtʃne]
4 fois par an	**cztery razy w roku**	['tʃtɛri 'razi v 'rɔku]
date (f) (jour du mois)	**data** (ż)	['data]
date (f) (~ mémorable)	**data** (ż)	['data]
calendrier (m)	**kalendarz** (m)	[ka'lendaʃ]
six mois	**pół roku**	[puw 'rɔku]
semestre (m)	**półrocze** (n)	[puw'rɔtʃɛ]
saison (f)	**sezon** (m)	['sɛzɔn]
siècle (m)	**wiek** (m)	[vek]

LES VOYAGES. L'HÔTEL

20. Les voyages. Les excursions
21. L'hôtel
22. Le tourisme

USD CAD
EUR CHF
JPY HKD
GBP CNY

RECEPTION

T&P Books Publishing

tourisme (m)	turystyka (ż)	[tu'ristika]
touriste (m)	turysta (m)	[tu'rista]
voyage (m) (à l'étranger)	podróż (ż)	['podruʃ]
aventure (f)	przygoda (ż)	[pʃi'gɔda]
voyage (m)	podróż (ż)	['podruʃ]

vacances (f pl)	urlop (m)	['urlɔp]
être en vacances	być na urlopie	[bitʃ na ur'lɔpe]
repos (m) (jours de ~)	wypoczynek (m)	[vipot'ʃinɛk]

train (m)	pociąg (m)	['pɔtʃɔ̃k]
en train	pociągiem	[pɔtʃɔ̃gem]
avion (m)	samolot (m)	[sa'mɔlɔt]
en avion	samolotem	[samɔ'lɔtɛm]
en voiture	samochodem	[samɔ'hɔdɛm]
en bateau	statkiem	['statkem]

bagage (m)	bagaż (m)	['bagaʃ]
malle (f)	walizka (ż)	[va'liska]
chariot (m)	wózek (m) bagażowy	['vuzɛk baga'ʒɔvi]
passeport (m)	paszport (m)	['paʃpɔrt]
visa (m)	wiza (ż)	['viza]
ticket (m)	bilet (m)	['bilet]
billet (m) d'avion	bilet (m) lotniczy	['bilet lɔt'nitʃi]

guide (m) (livre)	przewodnik (m)	[pʃɛ'vɔdnik]
carte (f)	mapa (ż)	['mapa]
région (f) (~ rurale)	miejscowość (ż)	[mejs'tsɔvɔctʃ]
endroit (m)	miejsce (n)	['mejstsɛ]

exotisme (m)	egzotyka (ż)	[ɛg'zɔtika]
exotique (adj)	egzotyczny	[ɛgzɔ'titʃni]
étonnant (adj)	zadziwiający	[zadʒivjaɔ̃tsi]

groupe (m)	grupa (ż)	['grupa]
excursion (f)	wycieczka (ż)	[vi'tʃetʃka]
guide (m) (personne)	przewodnik (ż)	[pʃɛ'vɔdnik]

hôtel (m)	hotel (m)	['hɔtɛʎ]
motel (m)	motel (m)	['mɔtɛʎ]

3 étoiles	trzy gwiazdki	[tʂɨ 'ɡvʲaztki]
5 étoiles	pięć gwiazdek	[pɛ̃tʂ 'ɡvʲazdɛk]
descendre (à l'hôtel)	zatrzymać się	[zat'ʂimatʂ ɕɛ̃]
chambre (f)	pokój (m)	['pɔkuj]
chambre (f) simple	pokój (m) jednoosobowy	['pɔkuj edno:so'bɔvɨ]
chambre (f) double	pokój (m) dwuosobowy	['pɔkuj dvuɔsɔ'bɔvɨ]
réserver une chambre	rezerwować pokój	[rɛzɛr'vɔvatʂ 'pɔkuj]
demi-pension (f)	wyżywienie (n) Half Board	[viʒi'vene haf bɔrd]
pension (f) complète	pełne (n) wyżywienie	['pɛwnɛ viʒivi'ene]
avec une salle de bain	z łazienką	[z wa'ʒenkɔ̃]
avec une douche	z prysznicem	[z priʃ'nitsɛm]
télévision (f) par satellite	telewizja (z) satelitarna	[tɛle'vizʲja satɛli'tarna]
climatiseur (m)	klimatyzator (m)	[klimati'zatɔr]
serviette (f)	ręcznik (m)	['rɛntʂnik]
clé (f)	klucz (m)	[klytʂ]
administrateur (m)	administrator (m)	[administ'ratɔr]
femme (f) de chambre	pokojówka (z)	[pɔkɔ'jufka]
porteur (m)	tragarz (m)	['traɡaʃ]
portier (m)	odźwierny (m)	[ɔd'vjernɨ]
restaurant (m)	restauracja (z)	[rɛstau'ratsʰja]
bar (m)	bar (m)	[bar]
petit déjeuner (m)	śniadanie (n)	[ɕɲa'dane]
dîner (m)	kolacja (z)	[kɔ'ʎatsʰja]
buffet (m)	szwedzki stół (m)	['ʃfɛtski stuw]
ascenseur (m)	winda (z)	['vinda]
PRIÈRE DE NE PAS DÉRANGER	NIE PRZESZKADZAĆ	[ne pʂɛʃ'kadzatʂ]
DÉFENSE DE FUMER	ZAKAZ PALENIA!	['zakas pa'leɲa]

22. Le tourisme

monument (m)	pomnik (m)	['pɔmnik]
forteresse (f)	twierdza (z)	['tferdza]
palais (m)	pałac (m)	['pawats]
château (m)	zamek (m)	['zamɛk]
tour (f)	wieża (z)	['veʒa]
mausolée (m)	mauzoleum (n)	[mauzɔ'leum]
architecture (f)	architektura (z)	[arhitɛk'tura]
médiéval (adj)	średniowieczny	[ɕrɛdnɔ'vetʃni]
ancien (adj)	zabytkowy	[zabit'kɔvɨ]
national (adj)	narodowy	[narɔ'dɔvɨ]
connu (adj)	znany	['znanɨ]
touriste (m)	turysta (m)	[tu'rista]

guide (m) (personne)	przewodnik (m)	[pʃɛ'vɔdnik]
excursion (f)	wycieczka (ż)	[vɨ'tʃetʃka]
montrer (vt)	pokazywać	[pɔka'zivatʃ]
raconter (une histoire)	opowiadać	[ɔpɔ'vʲadatʃ]

trouver (vt)	znaleźć	['znaleɕtʃ]
se perdre (vp)	zgubić się	['zgubitʃ ɕɛ̃]
plan (m) (du metro, etc.)	plan (m)	[pʎan]
carte (f) (de la ville, etc.)	plan (m)	[pʎan]

souvenir (m)	pamiątka (ż)	[pamɔ̃tka]
boutique (f) de souvenirs	sklep (m) z upominkami	[sklep s upɔmi'ŋkami]
prendre en photo	robić zdjęcia	['rɔbitʃ 'zdʰɛ̃tʃa]
se faire prendre en photo	fotografować się	[fɔtɔgra'fɔvatʃ ɕɛ̃]

LES TRANSPORTS

23. L'aéroport
24. L'avion
25. Le train
26. Le bateau

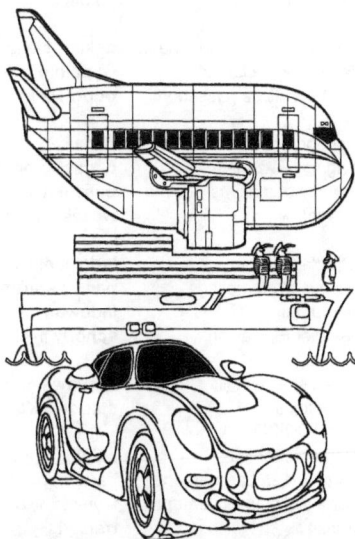

T&P Books Publishing

23. L'aéroport

aéroport (m)	port (m) lotniczy	[pɔrt lɑt'nitʃi]
avion (m)	samolot (m)	[sa'mɔlɔt]
compagnie (f) aérienne	linie (l.mn.) lotnicze	['linje lɑt'nitʃɛ]
contrôleur (m) aérien	kontroler (m) lotów	[kɔnt'rɔler 'lɑtuf]
départ (m)	odlot (m)	['ɔdlɑt]
arrivée (f)	przylot (m)	['pʃilɑt]
arriver (par avion)	przylecieć	[pʃi'letʃetʃ]
temps (m) de départ	godzina (ż) odlotu	[gɔ'dʒina ɔd'lɑtu]
temps (m) d'arrivée	godzina (ż) przylotu	[gɔ'dʒina pʃi'lɑtu]
être retardé	opóźniać się	[ɔ'puzʲnatʃ ɕɛ̃]
retard (m) de l'avion	opóźnienie (n) odlotu	[ɔpuzʲ'nene ɔd'lɑtu]
tableau (m) d'informations	tablica (ż) informacyjna	[tab'litsa infɔrma'tsijna]
information (f)	informacja (ż)	[infɔr'matsʲʲja]
annoncer (vt)	ogłaszać	[ɔg'waʃatʃ]
vol (m)	lot (m)	['lɑt]
douane (f)	urząd (m) celny	['uʒɔ̃t 'tsɛʎni]
douanier (m)	celnik (m)	['tsɛʎnik]
déclaration (f) de douane	deklaracja (ż)	[dɛkʎa'ratsʲja]
remplir la déclaration	wypełnić deklarację	[vi'pɛwnitʃ dɛkʎa'ratsʲʰɛ̃]
contrôle (m) de passeport	odprawa (ż) paszportowa	[ɔtp'rava paʃpɔr'tɔva]
bagage (m)	bagaż (m)	['bagaʃ]
bagage (m) à main	bagaż (m) podręczny	['bagaʃ pɔd'rɛntʃni]
service des objets trouvés	poszukiwanie (n) bagażu	[pɔʃuki'vane ba'gaʒu]
chariot (m)	wózek (m) bagażowy	['vuzɛk baga'ʒɔvi]
atterrissage (m)	lądowanie (n)	[lɔ̃dɔ'vane]
piste (f) d'atterrissage	pas (m) startowy	[pas star'tɔvi]
atterrir (vi)	lądować	[lɔ̃'dɔvatʃ]
escalier (m) d'avion	schody (l.mn.) do samolotu	['sxɔdɨ dɔ samɔ'lɑtu]
enregistrement (m)	odprawa (ż) biletowa	[ɔtp'rava bile'tɔva]
comptoir (m) d'enregistrement	stanowisko (n) odprawy	[stanɔ'viskɔ ɔtp'ravɨ]
s'enregistrer (vp)	zgłosić się do odprawy	['zgwɔɕitʃ ɕɛ̃ dɔ ɔtp'ravɨ]
carte (f) d'embarquement	karta (ż) pokładowa	['karta pɔkwa'dɔva]
porte (f) d'embarquement	wyjście (n) do odprawy	['vijtʃe dɔ ɔtp'ravɨ]
transit (m)	tranzyt (m)	['tranzit]

attendre (vt)	czekać	['tʃɛkatʃ]
salle (f) d'attente	poczekalnia (ż)	[pɔtʃɛ'kaʎna]
raccompagner (à l'aéroport, etc.)	odprowadzać	[ɔtprɔ'vadzatʃ]
dire au revoir	żegnać się	['ʒɛgnatʃ ɕɛ̃]

24. L'avion

avion (m)	samolot (m)	[sa'mɔlɔt]
billet (m) d'avion	bilet (m) lotniczy	['bilet lɔt'nitʃi]
compagnie (f) aérienne	linie (l.mn.) lotnicze	['liɲje lɔt'nitʃɛ]
aéroport (m)	port (m) lotniczy	[pɔrt lɔt'nitʃi]
supersonique (adj)	ponaddźwiękowy	[pɔnaddʑ'vɛ̃'kɔvi]

commandant (m) de bord	kapitan (m) statku	[ka'pitan 'statku]
équipage (m)	załoga (ż)	[za'wɔga]
pilote (m)	pilot (m)	['pilɔt]
hôtesse (f) de l'air	stewardessa (ż)	[stɛva'rdɛssa]
navigateur (m)	nawigator (m)	[navi'gatɔr]

ailes (f pl)	skrzydła (l.mn.)	['skʃidwa]
queue (f)	ogon (m)	['ɔgɔn]
cabine (f)	kabina (ż)	[ka'bina]
moteur (m)	silnik (m)	['ɕiʎnik]
train (m) d'atterrissage	podwozie (n)	[pɔd'vɔʒe]
turbine (f)	turbina (ż)	[tur'bina]

hélice (f)	śmigło (n)	['ɕmigwɔ]
boîte (f) noire	czarna skrzynka (ż)	['tʃarna 'skʃiŋka]
gouvernail (m)	wolant (m)	['vɔʎant]
carburant (m)	paliwo (n)	[pa'livɔ]

consigne (f) de sécurité	instrukcja (ż)	[inst'rukts^hja]
masque (m) à oxygène	maska (ż) tlenowa	['maska tle'nɔva]
uniforme (m)	uniform (m)	[u'nifɔrm]
gilet (m) de sauvetage	kamizelka (ż) ratunkowa	[kami'zɛʎka ratu'ŋkɔva]
parachute (m)	spadochron (m)	[spa'dɔhrɔn]

décollage (m)	start (m)	[start]
décoller (vi)	startować	[star'tɔvatʃ]
piste (f) de décollage	pas (m) startowy	[pas star'tɔvi]

visibilité (f)	widoczność (ż)	[vi'dɔtʃnɔɕtʃ]
vol (m) (~ d'oiseau)	lot (m)	['lɔt]
altitude (f)	wysokość (ż)	[vi'sɔkɔɕtʃ]
trou (m) d'air	dziura (ż) powietrzna	['dʑyra pɔ'vetʃna]

place (f)	miejsce (n)	['mejstsɛ]
écouteurs (m pl)	słuchawki (l.mn.)	[swu'hafki]
tablette (f)	stolik (m) rozkładany	['stɔlik rɔskwa'danɨ]

| hublot (m) | iluminator (m) | [ilymi'natɔr] |
| couloir (m) | przejście (n) | ['pʃɛjctʃe] |

25. Le train

train (m)	pociąg (m)	['pɔtʃɔ̃k]
train (m) de banlieue	pociąg (m) podmiejski	['pɔtʃɔ̃k pɔd'mejski]
TGV (m)	pociąg (m) pośpieszny	['pɔtʃɔ̃k pɔc'peʃni]
locomotive (f) diesel	lokomotywa (ż)	[lɔkɔmɔ'tiva]
locomotive (f) à vapeur	parowóz (m)	[pa'rɔvus]

| wagon (m) | wagon (m) | ['vagɔn] |
| wagon-restaurant (m) | wagon (m) restauracyjny | ['vagɔn rɛstaura'tsijni] |

rails (m pl)	szyny (l.mn.)	['ʃini]
chemin (m) de fer	kolej (ż)	['kɔlej]
traverse (f)	podkład (m)	['pɔtkwat]

quai (m)	peron (m)	['pɛrɔn]
voie (f)	tor (m)	[tɔr]
sémaphore (m)	semafor (m)	[sɛ'mafɔr]
station (f)	stacja (ż)	['statsʰja]

conducteur (m) de train	maszynista (m)	[maʃi'nista]
porteur (m)	tragarz (m)	['tragaʃ]
steward (m)	konduktor (m)	[kɔn'duktɔr]
passager (m)	pasażer (m)	[pa'saʒɛr]
contrôleur (m) de billets	kontroler (m)	[kɔnt'rɔler]

| couloir (m) | korytarz (m) | [kɔ'ritaʃ] |
| frein (m) d'urgence | hamulec (m) bezpieczeństwa | [ha'mulets bɛzpet'ʃɛɲstfa] |

compartiment (m)	przedział (m)	['pʃɛdʒʲaw]
couchette (f)	łóżko (n)	['wuʃkɔ]
couchette (f) d'en haut	łóżko (n) górne	['wuʃkɔ 'gurnɛ]
couchette (f) d'en bas	łóżko (n) dolne	['wuʃkɔ 'dɔʎnɛ]
linge (m) de lit	pościel (ż)	['pɔctʃeʎ]

ticket (m)	bilet (m)	['bilet]
horaire (m)	rozkład (m) jazdy	['rɔskwad 'jazdi]
tableau (m) d'informations	tablica (ż) informacyjna	[tab'litsa informa'tsijna]

partir (vi)	odjeżdżać	[ɔdʰ'eʒdʒatʃ]
départ (m) (du train)	odjazd (m)	['ɔdʰjast]
arriver (le train)	wjeżdżać	['vʰeʒdʒatʃ]
arrivée (f)	przybycie (n)	[pʃi'bitʃe]

| arriver en train | przyjechać pociągiem | [pʃi'ehatʃ pɔtʃɔ̃gem] |
| prendre le train | wsiąść do pociągu | [fɕɔ̃ɕtʃ dɔ pɔtʃɔ̃gu] |

descendre du train	wysiąść z pociągu	['viçɔ̃'ctʃ s potʃõgu]
accident (m) ferroviaire	katastrofa (ż)	[katast'rɔfa]
locomotive (f) à vapeur	parowóz (m)	[pa'rɔvus]
chauffeur (m)	palacz (m)	['paʌatʃ]
chauffe (f)	palenisko (n)	[pale'niskɔ]
charbon (m)	węgiel (m)	['vɛŋeʌ]

26. Le bateau

| bateau (m) | statek (m) | ['statɛk] |
| navire (m) | okręt (m) | ['ɔkrɛ̃t] |

bateau (m) à vapeur	parowiec (m)	[pa'rɔvets]
paquebot (m)	motorowiec (m)	[mɔtɔ'rɔvets]
bateau (m) de croisière	liniowiec (m)	[li'ɲjɔvets]
croiseur (m)	krążownik (m)	[krɔ̃'ʒɔvnik]

yacht (m)	jacht (m)	[jaht]
remorqueur (m)	holownik (m)	[hɔ'lɔvnik]
péniche (f)	barka (ż)	['barka]
ferry (m)	prom (m)	[prɔm]

| voilier (m) | żaglowiec (m) | [ʒag'lɔvets] |
| brigantin (m) | brygantyna (ż) | [brigan'tina] |

| brise-glace (m) | lodołamacz (m) | [lɔdɔ'wamatʃ] |
| sous-marin (m) | łódź (ż) podwodna | [wutʃ pɔd'vɔdna] |

canot (m) à rames	łódź (ż)	[wutʃ]
dinghy (m)	szalupa (ż)	[ʃa'lypa]
canot (m) de sauvetage	szalupa (ż)	[ʃa'lypa]
canot (m) à moteur	motorówka (ż)	[mɔtɔ'rufka]

capitaine (m)	kapitan (m)	[ka'pitan]
matelot (m)	marynarz (m)	[ma'rinaʃ]
marin (m)	marynarz (m)	[ma'rinaʃ]
équipage (m)	załoga (ż)	[za'wɔga]

maître (m) d'équipage	bosman (m)	['bɔsman]
mousse (m)	chłopiec (m) okrętowy	['hwɔpets ɔkrɛ̃'tɔvi]
cuisinier (m) du bord	kucharz (m) okrętowy	['kuhaʃ ɔkrɛ̃'tɔvi]
médecin (m) de bord	lekarz (m) okrętowy	['lekaʃ ɔkrɛ̃'tɔvi]

pont (m)	pokład (m)	['pɔkwat]
mât (m)	maszt (m)	[maʃt]
voile (f)	żagiel (m)	['ʒageʌ]

cale (f)	ładownia (ż)	[wa'dɔvɲa]
proue (f)	dziób (m)	[dʒyp]
poupe (f)	rufa (ż)	['rufa]

rame (f)	wiosło (n)	['vɔswɔ]
hélice (f)	śruba (z) napędowa	['ɕruba napɛ̃'dɔva]
cabine (f)	kajuta (z)	[ka'juta]
carré (m) des officiers	mesa (z)	['mɛsa]
salle (f) des machines	maszynownia (z)	[maʃɨ'nɔvɲa]
passerelle (f)	mostek (m) kapitański	['mɔstɛk kapi'taɲski]
cabine (f) de T.S.F.	radiokabina (z)	[radʲɔka'bina]
onde (f)	fala (z)	['faʎa]
journal (m) de bord	dziennik (m) pokładowy	['dʑɛɲik pɔkwa'dɔvɨ]
longue-vue (f)	luneta (z)	[ly'nɛta]
cloche (f)	dzwon (m)	[dzvɔn]
pavillon (m)	bandera (z)	[ban'dɛra]
grosse corde (f) tressée	lina (z)	['lina]
nœud (m) marin	węzeł (m)	['vɛnzɛw]
rampe (f)	poręcz (z)	['pɔrɛ̃tʃ]
passerelle (f)	trap (m)	[trap]
ancre (f)	kotwica (z)	[kɔt'fitsa]
lever l'ancre	podnieść kotwicę	['pɔdnɛɕtʃ kɔt'fitsɛ̃]
jeter l'ancre	zarzucić kotwicę	[za'ʒutʃitʃ kɔt'fitsɛ̃]
chaîne (f) d'ancrage	łańcuch (m) kotwicy	['waɲtsuh kɔt'fitsɨ]
port (m)	port (m)	[pɔrt]
embarcadère (m)	nabrzeże (n)	[nab'ʒɛʒɛ]
accoster (vi)	cumować	[tsu'mɔvatʃ]
larguer les amarres	odbijać	[ɔd'bijatʃ]
voyage (m) (à l'étranger)	podróż (z)	['pɔdruʃ]
croisière (f)	podróż (z) morska	['pɔdruʃ 'mɔrska]
cap (m) (suivre un ~)	kurs (m)	[kurs]
itinéraire (m)	trasa (z)	['trasa]
chenal (m)	tor (m) wodny	[tɔr 'vɔdnɨ]
bas-fond (m)	mielizna (z)	[me'lizna]
échouer sur un bas-fond	osiąść na mieliźnie	['ɔɕɔ̃ɕtʃ na me'liʑɲe]
tempête (f)	sztorm (m)	[ʃtɔrm]
signal (m)	sygnał (m)	['sɨgnaw]
sombrer (vi)	tonąć	['tɔɔ̃ɲtʃ]
SOS (m)	SOS	[ɛs ɔ ɛs]
bouée (f) de sauvetage	koło (n) ratunkowe	['kɔwɔ ratu'ŋkɔvɛ]

T&P BOOKS

LA VILLE

27. Les transports en commun
28. La ville. La vie urbaine
29. Les institutions urbaines
30. Les enseignes. Les panneaux
31. Le shopping

T&P Books Publishing

autobus (m)	autobus (m)	[au'tɔbus]
tramway (m)	tramwaj (m)	['tramvaj]
trolleybus (m)	trolejbus (m)	[trɔ'lejbus]
itinéraire (m)	trasa (ż)	['trasa]
numéro (m)	numer (m)	['numɛr]
prendre …	jechać w …	['ehatʃ v]
monter (dans l'autobus)	wsiąść	[fɕɔ̃ɕtʃ]
descendre de …	zsiąść z …	[zɕɔ̃ɕtʃ z]
arrêt (m)	przystanek (m)	[pʃis'tanɛk]
arrêt (m) prochain	następny przystanek (m)	[nas'tɛ̃pnɨ pʃis'tanɛk]
terminus (m)	stacja (ż) końcowa	['statsʰja kɔɲ'tsɔva]
horaire (m)	rozkład (m) jazdy	['rɔskwad 'jazdɨ]
attendre (vt)	czekać	['tʃɛkatʃ]
ticket (m)	bilet (m)	['bilet]
prix (m) du ticket	cena (ż) biletu	['tsɛna bi'letu]
caissier (m)	kasjer (m), kasjerka (ż)	['kasʰer], [kasʰ'erka]
contrôle (m) des tickets	kontrola (ż) biletów	[kɔnt'rɔʎa bi'letɔf]
contrôleur (m)	kontroler (m) biletów	[kɔnt'rɔler bi'letɔf]
être en retard	spóźniać się	['spuʑɲatʃ ɕɛ̃]
rater (~ le train)	spóźnić się	['spuʑɲitʃ ɕɛ̃]
se dépêcher	śpieszyć się	['ɕpeʃitʃ ɕɛ̃]
taxi (m)	taksówka (ż)	[tak'sufka]
chauffeur (m) de taxi	taksówkarz (m)	[tak'sufkaʃ]
en taxi	taksówką	[tak'sufkɔ̃]
arrêt (m) de taxi	postój (m) taksówek	['pɔstuj tak'suvɛk]
appeler un taxi	wezwać taksówkę	['vɛzvatʃ tak'sufkɛ̃]
prendre un taxi	wziąć taksówkę	[vʑɔ̃tʃ tak'sufkɛ̃]
trafic (m)	ruch (m) uliczny	[ruh u'litʃnɨ]
embouteillage (m)	korek (m)	['kɔrɛk]
heures (f pl) de pointe	godziny (l.mn.) szczytu	[gɔ'dʑinɨ 'ʃtʃitu]
se garer (vp)	parkować	[par'kɔvatʃ]
garer (vt)	parkować	[par'kɔvatʃ]
parking (m)	parking (m)	['parkiŋk]
métro (m)	metro (n)	['mɛtrɔ]
station (f)	stacja (ż)	['statsʰja]
prendre le métro	jechać metrem	['ehatʃ 'mɛtrɛm]

| train (m) | pociąg (m) | ['pɔtʃɔ̃k] |
| gare (f) | dworzec (m) | ['dvɔʒɛts] |

28. La ville. La vie urbaine

ville (f)	miasto (n)	['mʲastɔ]
capitale (f)	stolica (ż)	[stɔ'litsa]
village (m)	wieś (ż)	[veɕ]

plan (m) de la ville	plan (m) miasta	[pʎan 'mʲasta]
centre-ville (m)	centrum (n) miasta	['tsɛntrum 'mʲasta]
banlieue (f)	dzielnica (ż) podmiejska	[dʑɛʎ'nitsa pɔd'mejska]
de banlieue (adj)	podmiejski	[pɔd'mejski]

périphérie (f)	peryferie (l.mn.)	[pɛrɨ'fɛrʰe]
alentours (m pl)	okolice (l.mn.)	[ɔkɔ'litsɛ]
quartier (m)	osiedle (n)	[ɔ'ɕedle]
quartier (m) résidentiel	osiedle (n) mieszkaniowe	[ɔ'ɕedle meʃka'nɜvɛ]

trafic (m)	ruch (m) uliczny	[ruh u'litʃnɨ]
feux (m pl) de circulation	światła (l.mn.)	['ɕfʲatwa]
transport (m) urbain	komunikacja (ż) publiczna	[kɔmuni'katsʰja pub'litʃna]

| carrefour (m) | skrzyżowanie (n) | [skʃɨʒɔ'vane] |

passage (m) piéton	przejście (n)	['pʃɛjɕtʃe]
passage (m) souterrain	przejście (n) podziemne	['pʃɛjɕtʃe pɔ'dʑemnɛ]
traverser (vt)	przechodzić	[pʃɛ'hɔdʑitʃ]
piéton (m)	pieszy (m)	['peʃɨ]
trottoir (m)	chodnik (m)	['hɔdnik]

pont (m)	most (m)	[mɔst]
quai (m)	nadbrzeże (n)	[nadb'ʒɛʒɛ]
fontaine (f)	fontanna (ż)	[fɔn'taɲa]

allée (f)	aleja (ż)	[a'leja]
parc (m)	park (m)	[park]
boulevard (m)	bulwar (m)	['buʎvar]
place (f)	plac (m)	[pʎats]
avenue (f)	aleja (ż)	[a'leja]
rue (f)	ulica (ż)	[u'litsa]
ruelle (f)	zaułek (m)	[za'uwɛk]
impasse (f)	ślepa uliczka (ż)	['ɕlepa u'litʃka]

maison (f)	dom (m)	[dɔm]
édifice (m)	budynek (m)	[bu'dɨnɛk]
gratte-ciel (m)	wieżowiec (m)	[ve'ʒɔvets]

| façade (f) | fasada (ż) | [fa'sada] |
| toit (m) | dach (m) | [dah] |

fenêtre (f)	okno (n)	['ɔknɔ]
arc (m)	łuk (m)	[wuk]
colonne (f)	kolumna (ż)	[kɔ'lymna]
coin (m)	róg (m)	[ruk]

vitrine (f)	witryna (ż)	[vit'rina]
enseigne (f)	szyld (m)	[ʃiʎt]
affiche (f)	afisz (m)	['afiʃ]
affiche (f) publicitaire	plakat (m) reklamowy	['pʎakat rɛkʎa'mɔvɨ]
panneau-réclame (m)	billboard (m)	['biʎbɔrt]

ordures (f pl)	śmiecie (l.mn.)	['ɕmetʃe]
poubelle (f)	kosz (m) na śmieci	[kɔʃ na 'ɕmetʃi]
jeter à terre	śmiecić	['ɕmetʃitʃ]
décharge (f)	wysypisko (n) śmieci	[vɨsɨpiskɔ 'ɕmetʃi]

cabine (f) téléphonique	budka (ż) telefoniczna	['butka tɛlefɔ'nitʃna]
réverbère (m)	słup (m) oświetleniowy	[swup ɔɕvetle'nɜvɨ]
banc (m)	ławka (ż)	['wafka]

policier (m)	policjant (m)	[pɔ'litsʰjant]
police (f)	policja (ż)	[pɔ'litsʰja]
clochard (m)	żebrak (m)	['ʒɛbrak]
sans-abri (m)	bezdomny (m)	[bɛz'dɔmnɨ]

29. Les institutions urbaines

magasin (m)	sklep (m)	[sklep]
pharmacie (f)	apteka (ż)	[ap'tɛka]
opticien (m)	optyk (m)	['ɔptik]
centre (m) commercial	centrum (n) handlowe	['tsɛntrum hand'lɜvɛ]
supermarché (m)	supermarket (m)	[supɛr'markɛt]

boulangerie (f)	sklep (m) z pieczywem	[sklep s pet'ʃivɛm]
boulanger (m)	piekarz (m)	['pekaʃ]
pâtisserie (f)	cukiernia (ż)	[tsu'kerɲa]
épicerie (f)	sklep (m) spożywczy	[sklep spɔ'ʒivtʃi]
boucherie (f)	sklep (m) mięsny	[sklep 'mensni]

| magasin (m) de légumes | warzywniak (m) | [va'ʒivɲak] |
| marché (m) | targ (m) | [tark] |

salon (m) de café	kawiarnia (ż)	[ka'vʲarɲa]
restaurant (m)	restauracja (ż)	[rɛstau'ratsʰja]
brasserie (f)	piwiarnia (ż)	[pi'vʲarɲa]
pizzeria (f)	pizzeria (ż)	[pi'tserʰja]

salon (m) de coiffure	salon (m) fryzjerski	['salɔn frizʰ'erski]
poste (f)	poczta (ż)	['pɔtʃta]
pressing (m)	pralnia (ż) chemiczna	['praʎɲa hɛ'mitʃna]

atelier (m) de photo	zakład (m) fotograficzny	['zakwat fotogra'fitʃni]
magasin (m) de chaussures	sklep (m) obuwniczy	[sklep ɔbuv'nitʃi]
librairie (f)	księgarnia (z)	[kɕɛ̃'garɲa]
magasin (m) d'articles de sport	sklep (m) sportowy	[sklep spɔr'tɔvi]

atelier (m) de retouche	reperacja (z) odzieży	[rɛpɛ'ratsʰja ɔ'dʑeʒi]
location (f) de vêtements	wypożyczanie (n) strojów okazjonalnych	[vipɔʒi'tʃane strɔ'juv ɔkazʲɔ'naʎnih]
location (f) de films	wypożyczalnia (z) filmów	[vipɔʒit'ʃaʎna 'fiʎmuf]

cirque (m)	cyrk (m)	[tsirk]
zoo (m)	zoo (n)	['zɔː]
cinéma (m)	kino (n)	['kinɔ]
musée (m)	muzeum (n)	[mu'zɛum]
bibliothèque (f)	biblioteka (z)	[biblɔ'tɛka]

théâtre (m)	teatr (m)	['tɛatr]
opéra (m)	opera (z)	['ɔpɛra]
boîte (f) de nuit	klub nocny (m)	[klyp 'nɔtsni]
casino (m)	kasyno (n)	[ka'sinɔ]

mosquée (f)	meczet (m)	['mɛtʃɛt]
synagogue (f)	synagoga (z)	[sina'gɔga]
cathédrale (f)	katedra (z)	[ka'tɛdra]
temple (m)	świątynia (z)	[ɕfɔ̃'tiɲa]
église (f)	kościół (m)	['kɔʃtʃɔw]
institut (m)	instytut (m)	[ins'titut]
université (f)	uniwersytet (m)	[uni'vɛrsitɛt]
école (f)	szkoła (z)	['ʃkɔwa]

préfecture (f)	urząd (m) dzielnicowy	['uʒɔ̃d dʑeʎnitsɔvi]
mairie (f)	urząd (m) miasta	['uʒɔ̃t 'mʲasta]
hôtel (m)	hotel (m)	['hɔtɛʎ]
banque (f)	bank (m)	[baŋk]

ambassade (f)	ambasada (z)	[amba'sada]
agence (f) de voyages	agencja (z) turystyczna	[a'gɛntsʲja turis'titʃna]
bureau (m) d'information	informacja (z)	[infɔr'matsʰja]
bureau (m) de change	kantor (m)	['kantɔr]

| métro (m) | metro (n) | ['mɛtrɔ] |
| hôpital (m) | szpital (m) | ['ʃpitaʎ] |

| station-service (f) | stacja (z) benzynowa | ['statsʰja bɛnzi'nɔva] |
| parking (m) | parking (m) | ['parkiŋk] |

30. Les enseignes. Les panneaux

| enseigne (f) | szyld (m) | [ʃiʎt] |
| pancarte (f) | napis (m) | ['napis] |

poster (m)	**plakat** (m)	['pʎakat]
indicateur (m) de direction	**drogowskaz** (m)	[drɔ'gɔfskas]
flèche (f)	**strzałka** (ż)	['stʃawka]
avertissement (m)	**ostrzeżenie** (n)	[ɔstʃɛ'ʒɛne]
panneau d'avertissement	**przestroga** (ż)	[pʃɛst'rɔga]
avertir (vt)	**ostrzegać**	[ɔst'ʃɛgatʃ]
jour (m) de repos	**dzień** (m) **wolny**	[dʒeɲ 'vɔʎnɨ]
horaire (m)	**rozkład** (m) **jazdy**	['rɔskwad 'jazdɨ]
heures (f pl) d'ouverture	**godziny** (l.mn.) **pracy**	[gɔ'dʒinɨ 'pratsɨ]
BIENVENUE!	**WITAMY!**	[vi'tamɨ]
ENTRÉE	**WEJŚCIE**	['vɛjɕtʃe]
SORTIE	**WYJŚCIE**	['vɨjɕtʃe]
POUSSER	**PCHAĆ**	[phatʃ]
TIRER	**CIĄGNĄĆ**	[tʃɔ̃gnɔɲtʃ]
OUVERT	**OTWARTE**	[ɔt'fartɛ]
FERMÉ	**ZAMKNIĘTE**	[zamk'nentɛ]
FEMMES	**DLA PAŃ**	[dʎa paɲ]
HOMMES	**DLA MĘŻCZYZN**	[dʎa 'mɛ̃ʒtʃizn]
RABAIS	**ZNIŻKI**	['zniʃki]
SOLDES	**WYPRZEDAŻ**	[vɨp'ʃɛdaʃ]
NOUVEAU!	**NOWOŚĆ!**	['nɔvɔɕtʃ]
GRATUIT	**GRATIS**	['gratis]
ATTENTION!	**UWAGA!**	[u'vaga]
COMPLET	**BRAK MIEJSC**	[brak mejsts]
RÉSERVÉ	**REZERWACJA**	[rɛzɛr'vatsʰja]
ADMINISTRATION	**ADMINISTRACJA**	[administ'ratsʰja]
RÉSERVÉ AU PERSONNEL	**WEJŚCIE SŁUŻBOWE**	['vɛjɕtʃe swuʒ'bɔvɛ]
ATTENTION CHIEN MÉCHANT	**UWAGA! ZŁY PIES**	[u'vaga zwɨ pes]
DÉFENSE DE FUMER	**ZAKAZ PALENIA!**	['zakas pa'leɲa]
PRIÈRE DE NE PAS TOUCHER	**NIE DOTYKAĆ!**	[ne dɔ'tikatʃ]
DANGEREUX	**NIEBEZPIECZNY**	[nebɛs'petʃnɨ]
DANGER	**NIEBEZPIECZEŃSTWO**	[nebɛspetʃɛɲstfɔ]
HAUTE TENSION	**WYSOKIE NAPIĘCIE**	[visɔke napɛ̃tʃe]
BAIGNADE INTERDITE	**KĄPIEL WZBRONIONA**	[kɔmpeʎ vzbrɔnɔ̃a]
HORS SERVICE	**NIECZYNNE**	[netʃiɲɛ]
INFLAMMABLE	**ŁATWOPALNE**	[vatvɔ'paʎnɛ]
INTERDIT	**ZAKAZ**	['zakas]
PASSAGE INTERDIT	**ZAKAZ PRZEJŚCIA**	['zakas 'pʃɛjɕtʃʲa]
PEINTURE FRAÎCHE	**ŚWIEŻO MALOWANE**	['ɕfeʒɔ malɔ'vanɛ]

31. Le shopping

acheter (vt)	kupować	[ku'pɔvatʃ]
achat (m)	zakup (m)	['zakup]
faire des achats	robić zakupy	['rɔbitʃ za'kupɨ]
shopping (m)	zakupy (l.mn.)	[za'kupɨ]
être ouvert	być czynnym	[bɨtʃ 'tʃɨɲim]
être fermé	być nieczynnym	[bɨtʃ net'ʃɨɲim]
chaussures (f pl)	obuwie (n)	[ɔ'buve]
vêtement (m)	odzież (ż)	['ɔdʒeʃ]
produits (m pl) de beauté	kosmetyki (l.mn.)	[kɔs'mɛtiki]
produits (m pl) alimentaires	artykuły (l.mn.) spożywcze	[arti'kuwɨ spɔ'ʒiftʃɛ]
cadeau (m)	prezent (m)	['prɛzɛnt]
vendeur (m)	ekspedient (m)	[ɛks'pɛdʰent]
vendeuse (f)	ekspedientka (ż)	[ɛkspedʰentka]
caisse (f)	kasa (ż)	['kasa]
miroir (m)	lustro (n)	['lystrɔ]
comptoir (m)	lada (ż)	['ʎada]
cabine (f) d'essayage	przymierzalnia (ż)	[pʃime'ʒaʎna]
essayer (robe, etc.)	przymierzyć	[pʃi'meʒitʃ]
aller bien (robe, etc.)	pasować	[pa'sɔvatʃ]
plaire (être apprécié)	podobać się	[pɔ'dɔbatʃ ɕɛ̃]
prix (m)	cena (ż)	['tsɛna]
étiquette (f) de prix	metka (ż)	['mɛtka]
coûter (vt)	kosztować	[kɔʃ'tɔvatʃ]
Combien?	Ile kosztuje?	['ile kɔʃ'tue]
rabais (m)	zniżka (ż)	['zniʃka]
pas cher (adj)	niedrogi	[ned'rɔgi]
bon marché (adj)	tani	['tani]
cher (adj)	drogi	['drɔgi]
C'est cher	To dużo kosztuje	[tɔ 'duʒɔ kɔʃ'tue]
location (f)	wypożyczalnia (ż)	[vɨpɔʒɨt'ʃaʎna]
louer (une voiture, etc.)	wypożyczyć	[vɨpɔ'ʒitʃitʃ]
crédit (m)	kredyt (m)	['krɛdit]
à crédit (adv)	na kredyt	[na 'krɛdit]

T&P
BOOKS

LES VÊTEMENTS &
LES ACCESSOIRES

32. Les vêtements d'extérieur
33. Les vêtements
34. Les sous-vêtements
35. Les chapeaux
36. Les chaussures
37. Les accessoires personnels
38. Les vêtements. Divers
39. L'hygiène corporelle.
    Les cosmétiques
40. Les montres. Les horloges

T&P Books Publishing

32. Les vêtements d'extérieur

vêtement (m)	odzież (ż)	['ɔdʒeʃ]
survêtement (m)	wierzchnie okrycie (n)	['veʃhne ɔk'ritʃe]
vêtement (m) d'hiver	odzież (ż) zimowa	['ɔdʒeʒ ʒi'mɔva]
manteau (m)	palto (n)	['paʎtɔ]
manteau (m) de fourrure	futro (n)	['futrɔ]
veste (f) de fourrure	futro (n) krótkie	['futrɔ 'krɔtkɛ]
manteau (m) de duvet	kurtka (ż) puchowa	['kurtka pu'hɔva]
veste (f) (~ en cuir)	kurtka (ż)	['kurtka]
imperméable (m)	płaszcz (m)	[pwaʃtʃ]
imperméable (adj)	nieprzemakalny	[nepʃɛma'kaʎni]

33. Les vêtements

chemise (f)	koszula (ż)	[kɔ'ʃuʎa]
pantalon (m)	spodnie (l.mn.)	['spɔdne]
jean (m)	dżinsy (l.mn.)	['dʒinsi]
veston (m)	marynarka (ż)	[mari'narka]
complet (m)	garnitur (m)	[gar'nitur]
robe (f)	sukienka (ż)	[su'kenka]
jupe (f)	spódnica (ż)	[spud'nitsa]
chemisette (f)	bluzka (ż)	['blyska]
veste (f) en laine	sweterek (m)	[sfɛ'tɛrɛk]
jaquette (f), blazer (m)	żakiet (m)	['ʒaket]
tee-shirt (m)	koszulka (ż)	[kɔ'ʃuʎka]
short (m)	spodenki (l.mn.)	[spɔ'dɛŋki]
costume (m) de sport	dres (m)	[drɛs]
peignoir (m) de bain	szlafrok (m)	['ʃʎafrɔk]
pyjama (m)	pidżama (ż)	[pi'dʒama]
chandail (m)	sweter (m)	['sfɛtɛr]
pull-over (m)	pulower (m)	[pu'lɜvɛr]
gilet (m)	kamizelka (ż)	[kami'zɛʎka]
queue-de-pie (f)	frak (m)	[frak]
smoking (m)	smoking (m)	['smɔkiŋk]
uniforme (m)	uniform (m)	[u'nifɔrm]
tenue (f) de travail	ubranie (n) robocze	[ub'rane rɔ'bɔtʃɛ]

| salopette (f) | kombinezon (m) | [kɔmbi'nɛzɔn] |
| blouse (f) (d'un médecin) | kitel (m) | ['kitɛʎ] |

34. Les sous-vêtements

sous-vêtements (m pl)	bielizna (ż)	[be'lizna]
maillot (m) de corps	podkoszulek (m)	[pɔtkɔ'ʃulek]
chaussettes (f pl)	skarpety (l.mn.)	[skar'pɛti]

chemise (f) de nuit	koszula (ż) nocna	[kɔ'ʃuʎa 'nɔtsna]
soutien-gorge (m)	biustonosz (m)	[bys'tɔnɔʃ]
chaussettes (f pl) hautes	podkolanówki (l.mn.)	[pɔdkɔʎa'nufki]
collants (m pl)	rajstopy (l.mn.)	[rajs'tɔpi]
bas (m pl)	pończochy (l.mn.)	[pɔɲt'ʃɔhi]
maillot (m) de bain	kostium (m) kąpielowy	['kɔstʰjum kɔ̃pelɔvi]

35. Les chapeaux

chapeau (m)	czapka (ż)	['tʃapka]
chapeau (m) feutre	kapelusz (m) fedora	[ka'pɛlyʃ fɛ'dɔra]
casquette (f) de base-ball	bejsbolówka (ż)	[bɛjsbɔ'lyfka]
casquette (f)	kaszkiet (m)	['kaʃket]

béret (m)	beret (m)	['bɛrɛt]
capuche (f)	kaptur (m)	['kaptur]
panama (m)	panama (ż)	[pa'nama]

| foulard (m) | chustka (ż) | ['hustka] |
| chapeau (m) de femme | kapelusik (m) | [kapɛ'lyɕik] |

casque (m) (d'ouvriers)	kask (m)	[kask]
calot (m)	furażerka (ż)	[fura'ʒɛrka]
casque (m) (~ de moto)	hełm (m)	[hɛwm]

| melon (m) | melonik (m) | [mɛ'lɔnik] |
| haut-de-forme (m) | cylinder (m) | [tsi'lindɛr] |

36. Les chaussures

chaussures (f pl)	obuwie (n)	[ɔ'buve]
bottines (f pl)	buty (l.mn.)	['buti]
souliers (m pl) (~ plats)	pantofle (l.mn.)	[pan'tɔfle]
bottes (f pl)	kozaki (l.mn.)	[kɔ'zaki]
chaussons (m pl)	kapcie (l.mn.)	['kaptʃe]
tennis (m pl)	adidasy (l.mn.)	[adi'dasi]
baskets (f pl)	tenisówki (l.mn.)	[tɛni'sufki]

sandales (f pl)	**sandały** (l.mn.)	[san'dawɨ]
cordonnier (m)	**szewc** (m)	[ʃɛfts]
talon (m)	**obcas** (m)	['ɔbtsas]
paire (f)	**para** (ż)	['para]
lacet (m)	**sznurowadło** (n)	[ʃnurɔ'vadwɔ]
lacer (vt)	**sznurować**	[ʃnu'rɔvatʃ]
chausse-pied (m)	**łyżka** (ż) **do butów**	['wɨʒka dɔ 'butuf]
cirage (m)	**pasta** (ż) **do butów**	['pasta dɔ 'butuf]

37. Les accessoires personnels

gants (m pl)	**rękawiczki** (l.mn.)	[rɛ̃ka'vitʃki]
moufles (f pl)	**rękawiczki** (l.mn.)	[rɛ̃ka'vitʃki]
écharpe (f)	**szalik** (m)	['ʃalik]
lunettes (f pl)	**okulary** (l.mn.)	[ɔku'ʎarɨ]
monture (f)	**oprawka** (ż)	[ɔp'rafka]
parapluie (m)	**parasol** (m)	[pa'rasɔʎ]
canne (f)	**laska** (ż)	['ʎaska]
brosse (f) à cheveux	**szczotka** (ż) **do włosów**	['ʃtʃɔtka dɔ 'vwɔsuv]
éventail (m)	**wachlarz** (m)	['vahʎaʃ]
cravate (f)	**krawat** (m)	['kravat]
nœud papillon (m)	**muszka** (ż)	['muʃka]
bretelles (f pl)	**szelki** (l.mn.)	['ʃɛʎki]
mouchoir (m)	**chusteczka** (ż) **do nosa**	[hus'tɛtʃka dɔ 'nɔsa]
peigne (m)	**grzebień** (m)	['gʒɛbeɲ]
barrette (f)	**spinka** (ż)	['spiŋka]
épingle (f) à cheveux	**szpilka** (ż)	['ʃpiʎka]
boucle (f)	**sprzączka** (ż)	['spʃɔ̃tʃka]
ceinture (f)	**pasek** (m)	['pasɛk]
bandoulière (f)	**pasek** (m)	['pasɛk]
sac (m)	**torba** (ż)	['tɔrba]
sac (m) à main	**torebka** (ż)	[tɔ'rɛpka]
sac (m) à dos	**plecak** (m)	['pletsak]

38. Les vêtements. Divers

mode (f)	**moda** (ż)	['mɔda]
à la mode (adj)	**modny**	['mɔdnɨ]
couturier, créateur de mode	**projektant** (m) **mody**	[prɔ'ektant 'mɔdɨ]
col (m)	**kołnierz** (m)	['kɔwneʃ]
poche (f)	**kieszeń** (ż)	['keʃɛɲ]

de poche (adj)	kieszonkowy	[keʃɔ'ŋkɔvɨ]
manche (f)	rękaw (m)	['rɛŋkaf]
bride (f)	wieszak (m)	['veʃak]
braguette (f)	rozporek (m)	[rɔs'pɔrɛk]

fermeture (f) à glissière	zamek (m) błyskawiczny	['zamɛk bwiska'vitʃnɨ]
agrafe (f)	zapięcie (m)	[za'pɛ̃tʃe]
bouton (m)	guzik (m)	['guʒik]
boutonnière (f)	dziurką (ż) na guzik	['dʒyrka na gu'ʒik]
s'arracher (bouton)	urwać się	['urvatʃ ɕɛ̃]

coudre (vi, vt)	szyć	[ʃɨtʃ]
broder (vt)	haftować	[haf'tɔvatʃ]
broderie (f)	haft (m)	[haft]
aiguille (f)	igła (ż)	['igwa]
fil (m)	nitka (ż)	['nitka]
couture (f)	szew (m)	[ʃɛf]

se salir (vp)	wybrudzić się	[vɨb'rudʒitʃ ɕɛ̃]
tache (f)	plama (ż)	['pʎama]
se froisser (vp)	zmiąć się	[zmɔ̃ʲtʃ ɕɛ̃]
déchirer (vt)	rozerwać	[rɔ'zɛrvatʃ]
mite (f)	mól (m)	[muʎ]

39. L'hygiène corporelle. Les cosmétiques

dentifrice (m)	pasta (ż) do zębów	['pasta dɔ 'zɛ̃buf]
brosse (f) à dents	szczoteczka (ż) do zębów	[ʃtʃɔ'tɛtʃka dɔ 'zɛ̃buf]
se brosser les dents	myć zęby	[mɨtʃ 'zɛ̃bɨ]

rasoir (m)	maszynka (ż) do golenia	[ma'ʃɨŋka dɔ gɔ'leɲa]
crème (f) à raser	krem (m) do golenia	[krɛm dɔ gɔ'leɲa]
se raser (vp)	golić się	['golitʃ ɕɛ̃]

| savon (m) | mydło (n) | ['mɨdwɔ] |
| shampooing (m) | szampon (m) | ['ʃampɔn] |

ciseaux (m pl)	nożyczki (l.mn.)	[nɔ'ʒɨtʃki]
lime (f) à ongles	pilnik (m) do paznokci	['piʎnik dɔ paz'nɔktʃi]
pinces (f pl) à ongles	cążki (l.mn.) do paznokci	['tsɔ̃ʃki dɔ paz'nɔktʃi]
pince (f) à épiler	pinceta (ż)	[pin'tsɛta]

produits (m pl) de beauté	kosmetyki (l.mn.)	[kɔs'mɛtɨki]
masque (m) de beauté	maseczka (ż)	[ma'sɛtʃka]
manucure (f)	manikiur (m)	[ma'nikyr]
se faire les ongles	robić manikiur	['rɔbitʃ ma'nikyr]
pédicurie (f)	pedikiur (m)	[pɛ'dikyr]

| trousse (f) de toilette | kosmetyczka (ż) | [kɔsmɛ'tɨtʃka] |
| poudre (f) | puder (m) | ['pudɛr] |

| poudrier (m) | puderniczka (ż) | [pudɛr'nitʃka] |
| fard (m) à joues | róż (m) | [ruʃ] |

parfum (m)	perfumy (l.mn.)	[pɛr'fumi]
eau (f) de toilette	woda (ż) toaletowa	['vɔda tɔale'tɔva]
lotion (f)	płyn (m) kosmetyczny	[pwin kɔsmɛ'titʃni]
eau de Cologne (f)	woda (ż) kolońska	['vɔda kɔ'lɜŋska]

fard (m) à paupières	cienie (l.mn.) do powiek	['tʃene dɔ 'pɔvek]
crayon (m) à paupières	kredka (ż) do oczu	['krɛtka dɔ 'ɔtʃu]
mascara (m)	tusz (m) do rzęs	[tuʃ dɔ ʒɛs]

rouge (m) à lèvres	szminka (ż)	['ʃmiŋka]
vernis (m) à ongles	lakier (m) do paznokci	['ʎaker dɔ paz'nɔktʃi]
laque (f) pour les cheveux	lakier (m) do włosów	['ʎaker dɔ 'vwɔsuv]
déodorant (m)	dezodorant (m)	[dɛzɔ'dɔrant]

crème (f)	krem (m)	[krɛm]
crème (f) pour le visage	krem (m) do twarzy	[krɛm dɔ 'tfaʒi]
crème (f) pour les mains	krem (m) do rąk	[krɛm dɔ rɔ̃k]
de jour (adj)	na dzień	['na dʒeɲ]
de nuit (adj)	nocny	['nɔtsni]

tampon (m)	tampon (m)	['tampɔn]
papier (m) de toilette	papier (m) toaletowy	['paper tɔale'tɔvi]
sèche-cheveux (m)	suszarka (ż) do włosów	[su'ʃarka dɔ 'vwɔsuv]

40. Les montres. Les horloges

montre (f)	zegarek (m)	[zɛ'garɛk]
cadran (m)	tarcza (ż) zegarowa	['tartʃa zɛga'rɔva]
aiguille (f)	wskazówka (ż)	[fska'zɔfka]
bracelet (m)	bransoleta (ż)	[bransɔ'leta]
bracelet (m) (en cuir)	pasek (m)	['pasɛk]

pile (f)	bateria (ż)	[ba'tɛrʲja]
être déchargé	wyczerpać się	[vit'ʃɛrpatʃ ɕɛ̃]
changer de pile	wymienić baterię	[vi'menitʃ ba'tɛrʲɛ̃]
avancer (vi)	śpieszyć się	['ɕpeʃitʃ ɕɛ̃]
retarder (vi)	spóźnić się	['spuʑnitʃ ɕɛ̃]

pendule (f)	zegar (m) ścienny	['zɛgar 'ɕtʃeɲi]
sablier (m)	klepsydra (ż)	[klɛp'sidra]
cadran (m) solaire	zegar (m) słoneczny	['zɛgar swɔ'nɛtʃni]
réveil (m)	budzik (m)	['budʒik]
horloger (m)	zegarmistrz (m)	[zɛ'garmistʃ]
réparer (vt)	naprawiać	[nap'ravʲatʃ]

T&P BOOKS

L'EXPÉRIENCE QUOTIDIENNE

41. L'argent
42. La poste. Les services postaux
43. Les opérations bancaires
44. Le téléphone. La conversation téléphonique
45. Le téléphone portable
46. La papeterie
47. Les langues étrangères

T&P Books Publishing

argent (m)	pieniądze (l.mn.)	[penɔ̃dzɛ]
échange (m)	wymiana (ż)	[vi'mʲana]
cours (m) de change	kurs (m)	[kurs]
distributeur (m)	bankomat (m)	[ba'ŋkɔmat]
monnaie (f)	moneta (ż)	[mɔ'nɛta]
dollar (m)	dolar (m)	['dɔʎar]
euro (m)	euro (m)	['ɛurɔ]
lire (f)	lir (m)	[lir]
mark (m) allemand	marka (ż)	['marka]
franc (m)	frank (m)	[fraŋk]
livre sterling (f)	funt szterling (m)	[funt 'ʃtɛrliŋk]
yen (m)	jen (m)	[en]
dette (f)	dług (m)	[dwuk]
débiteur (m)	dłużnik (m)	['dwuʒnik]
prêter (vt)	pożyczyć	[pɔ'ʒitʃitʃ]
emprunter (vt)	pożyczyć od ...	[pɔ'ʒitʃitʃ ɔt]
banque (f)	bank (m)	[baŋk]
compte (m)	konto (n)	['kɔntɔ]
verser dans le compte	wpłacić na konto	['vpwatʃitʃ na 'kɔntɔ]
retirer du compte	podjąć z konta	['pɔdʰɔ̃tʃ s 'kɔnta]
carte (f) de crédit	karta (ż) kredytowa	['karta krɛdi'tɔva]
espèces (f pl)	gotówka (ż)	[gɔ'tufka]
chèque (m)	czek (m)	[tʃɛk]
faire un chèque	wystawić czek	[vis'tavitʃ tʃɛk]
chéquier (m)	książeczka (ż) czekowa	[kɕɔ̃'ʒetʃka tʃɛ'kɔva]
portefeuille (m)	portfel (m)	['pɔrtfɛʎ]
bourse (f)	portmonetka (ż)	[pɔrtmɔ'nɛtka]
porte-monnaie (m)	portmonetka (ż)	[pɔrtmɔ'nɛtka]
coffre fort (m)	sejf (m)	[sɛjf]
héritier (m)	spadkobierca (m)	[spatkɔ'bertsa]
héritage (m)	spadek (m)	['spadɛk]
fortune (f)	majątek (m)	[maɔ̃tɛk]
location (f)	dzierżawa (ż)	[dʑer'ʒava]
loyer (m) (argent)	czynsz (m)	[tʃinʃ]
louer (prendre en location)	wynajmować	[vinaj'mɔvatʃ]
prix (m)	cena (ż)	['tsɛna]

| coût (m) | wartość (ż) | ['vartɔʧ] |
| somme (f) | suma (ż) | ['suma] |

dépenser (vt)	wydawać	[vi'davaʧ]
dépenses (f pl)	wydatki (l.mn.)	[vi'datki]
économiser (vt)	oszczędzać	[ɔʃ'ʃɛnʣaʧ]
économe (adj)	ekonomiczny	[ɛkɔnɔ'miʧni]

payer (régler)	płacić	['pwaʧiʧ]
paiement (m)	opłata (ż)	[ɔp'wata]
monnaie (f) (rendre la ~)	reszta (ż)	['rɛʃta]

impôt (m)	podatek (m)	[pɔ'datɛk]
amende (f)	kara (ż)	['kara]
mettre une amende	karać grzywną	['karaʧ 'gʒivnɔ̃]

42. La poste. Les services postaux

poste (f)	poczta (ż)	['pɔʧta]
courrier (m) (lettres, etc.)	poczta (ż)	['pɔʧta]
facteur (m)	listonosz (m)	[lis'tɔnɔʃ]
heures (f pl) d'ouverture	godziny (l.mn.) pracy	[gɔ'ʤini 'pratsi]

lettre (f)	list (m)	[list]
recommandé (m)	list (m) polecony	[list pɔle'tsɔni]
carte (f) postale	pocztówka (ż)	[pɔʧ'tufka]
télégramme (m)	telegram (m)	[tɛ'legram]
colis (m)	paczka (ż)	['paʧka]
mandat (m) postal	przekaz (m) pieniężny	['pʃɛkas pe'nenʒni]

recevoir (vt)	odebrać	[ɔ'dɛbraʧ]
envoyer (vt)	wysłać	['viswaʧ]
envoi (m)	wysłanie (n)	[vis'wane]
adresse (f)	adres (m)	['adrɛs]
code (m) postal	kod (m) pocztowy	[kɔt pɔʧ'tɔvi]
expéditeur (m)	nadawca (m)	[na'daftsa]
destinataire (m)	odbiorca (m)	[ɔd'bɔrtsa]

| prénom (m) | imię (n) | ['imɛ̃] |
| nom (m) de famille | nazwisko (n) | [naz'viskɔ] |

tarif (m)	taryfa (ż)	[ta'rifa]
normal (adj)	zwykła	['zvikwa]
économique (adj)	oszczędna	[ɔʃ'ʃɛndna]

poids (m)	ciężar (m)	['ʧenʒar]
peser (~ les lettres)	ważyć	['vaʒiʧ]
enveloppe (f)	koperta (ż)	[kɔ'pɛrta]
timbre (m)	znaczek (m)	['znaʧɛk]
timbrer (vt)	naklejać znaczek	[nak'lejaʧ 'znatʃɛk]

43. Les opérations bancaires

banque (f)	bank (m)	[baŋk]
agence (f) bancaire	filia (z)	['fiʎja]
conseiller (m)	konsultant (m)	[kɔn'suʎtant]
gérant (m)	kierownik (m)	[ke'rɔvnik]
compte (m)	konto (n)	['kɔntɔ]
numéro (m) du compte	numer (m) konta	['numɛr 'kɔnta]
compte (m) courant	rachunek (m) bieżący	[ra'hunɛk be'ʒɵ̃tsɨ]
compte (m) sur livret	rachunek (m) oszczędnościowy	[ra'hunɛk ɔʃtʃɛ̃dnɔɕ'tʃɔvɨ]
ouvrir un compte	założyć konto	[za'wɔʒɨtʃ 'kɔntɔ]
clôturer le compte	zamknąć konto	['zamknɔɲtʃ 'kɔ̃tɔ]
verser dans le compte	wpłacić na konto	['vpwatɕitʃ na 'kɔntɔ]
retirer du compte	podjąć z konta	['pɔdʰɔ̃tʃ s 'kɔnta]
dépôt (m)	wkład (m)	[fkwat]
faire un dépôt	dokonać wpłaty	[dɔ'kɔnatʃ 'fpwatɨ]
virement (m) bancaire	przelew (m)	['pʃɛlev]
faire un transfert	dokonać przelewu	[dɔ'kɔnatʃ pʃɛ'levu]
somme (f)	suma (z)	['suma]
Combien?	Ile?	['ile]
signature (f)	podpis (m)	['pɔdpis]
signer (vt)	podpisać	[pɔd'pisatʃ]
carte (f) de crédit	karta (z) kredytowa	['karta krɛdi'tɔva]
code (m)	kod (m)	[kɔd]
numéro (m) de carte de crédit	numer (m) karty kredytowej	['numɛr 'kartɨ krɛdi'tɔvɛj]
distributeur (m)	bankomat (m)	[ba'ŋkomat]
chèque (m)	czek (m)	[tʃɛk]
faire un chèque	wystawić czek	[vɨs'tavitʃ tʃɛk]
chéquier (m)	książeczka (z) czekowa	[kɕɔ̃'ʒɛtʃka tʃɛ'kɔva]
crédit (m)	kredyt (m)	['krɛdɨt]
demander un crédit	wystąpić o kredyt	[vɨs'tɔ̃pitʃ ɔ 'krɛdɨt]
prendre un crédit	brać kredyt	[bratʃ 'krɛdɨt]
accorder un crédit	udzielać kredytu	[u'dʒeʎatʃ krɛ'dɨtu]
gage (m)	gwarancja (z)	[gva'rantsʰja]

44. Le téléphone. La conversation téléphonique

téléphone (m)	telefon (m)	[tɛ'lefɔn]
portable (m)	telefon (m) komórkowy	[tɛ'lefɔn kɔmur'kɔvɨ]

répondeur (m)	sekretarka (ż)	[sɛkrɛ'tarka]
téléphoner, appeler	dzwonić	['dzvɔnitʃ]
appel (m)	telefon (m)	[tɛ'lefɔn]

composer le numéro	wybrać numer	['vɨbratʃ 'numɛr]
Allô!	Halo!	['halɔ]
demander (~ l'heure)	zapytać	[za'pɨtatʃ]
répondre (vi, vt)	odpowiedzieć	[ɔtpɔ'vedʒetʃ]

entendre (bruit, etc.)	słyszeć	['swɨʃɛtʃ]
bien (adv)	dobrze	['dɔbʒɛ]
mal (adv)	źle	[ʑˡle]
bruits (m pl)	zakłócenia (l.mn.)	[zakwu'tsɛɲa]

récepteur (m)	słuchawka (ż)	[swu'hafka]
décrocher (vt)	podnieść słuchawkę	['pɔdneɕtʃ swu'hafkɛ̃]
raccrocher (vi)	odłożyć słuchawkę	[ɔd'wɔʒɨtʃ swu'hafkɛ̃]

occupé (adj)	zajęty	[za'entɨ]
sonner (vi)	dzwonić	['dzvɔnitʃ]
carnet (m) de téléphone	książka (ż) telefoniczna	[kɕɔ̃ʃka tɛlefɔ'nitʃna]

local (adj)	miejscowy	[mejs'tsɔvɨ]
interurbain (adj)	międzymiastowy	[mɛ̃dzimˡas'tɔvɨ]
international (adj)	międzynarodowy	[mɛ̃dzɨnarɔ'dovɨ]

45. Le téléphone portable

portable (m)	telefon (m) komórkowy	[tɛ'lefɔn kɔmur'kɔvɨ]
écran (m)	wyświetlacz (m)	[viɕ'fetʎatʃ]
bouton (m)	klawisz (m)	['kʎaviʃ]
carte SIM (f)	karta (ż) SIM	['karta sim]

pile (f)	bateria (ż)	[ba'tɛrʰja]
être déchargé	rozładować się	[rɔzwa'dɔvatʃ ɕɛ̃]
chargeur (m)	ładowarka (ż)	[wadɔ'varka]

menu (m)	menu (n)	['menu]
réglages (m pl)	ustawienia (l.mn.)	[usta'veɲa]
mélodie (f)	melodia (ż)	[mɛ'lɔdʰja]
sélectionner (vt)	wybrać	['vɨbratʃ]

| calculatrice (f) | kalkulator (m) | [kaʎku'ʎatɔr] |
| répondeur (m) | sekretarka (ż) | [sɛkrɛ'tarka] |

| réveil (m) | budzik (m) | ['budʒik] |
| contacts (m pl) | kontakty (l.mn.) | [kɔn'taktɨ] |

| SMS (m) | SMS (m) | [ɛs ɛm ɛs] |
| abonné (m) | abonent (m) | [a'bɔnɛnt] |

46. La papeterie

stylo (m) à bille	długopis (m)	[dwu'gɔpis]
stylo (m) à plume	pióro (n)	['pyrɔ]
crayon (m)	ołówek (m)	[ɔ'wuvɛk]
marqueur (m)	marker (m)	['markɛr]
feutre (m)	flamaster (m)	[fʎa'mastɛr]
bloc-notes (m)	notes (m)	['nɔtɛs]
agenda (m)	kalendarz (m)	[ka'lendaʃ]
règle (f)	linijka (ż)	[li'nijka]
calculatrice (f)	kalkulator (m)	[kaʎku'ʎatɔr]
gomme (f)	gumka (ż)	['gumka]
punaise (f)	pinezka (ż)	[pi'nɛska]
trombone (m)	spinacz (m)	['spinatʃ]
colle (f)	klej (m)	[klej]
agrafeuse (f)	zszywacz (m)	['sʃivatʃ]
perforateur (m)	dziurkacz (m)	['dʒyrkatʃ]
taille-crayon (m)	temperówka (ż)	[tɛmpɛ'rufka]

47. Les langues étrangères

langue (f)	język (m)	['enzik]
langue (f) étrangère	obcy język (m)	['ɔbtsi 'enzik]
étudier (vt)	studiować	[studʰɔvatʃ]
apprendre (~ l'arabe)	uczyć się	['utʃitʃ ɕɛ̃]
lire (vi, vt)	czytać	['tʃitatʃ]
parler (vi, vt)	mówić	['muvitʃ]
comprendre (vt)	rozumieć	[rɔ'zumetʃ]
écrire (vt)	pisać	['pisatʃ]
vite (adv)	szybko	['ʃipkɔ]
lentement (adv)	wolno	['vɔʎnɔ]
couramment (adv)	swobodnie	[sfɔ'bɔdne]
règles (f pl)	reguły (l.mn.)	[rɛ'guwɨ]
grammaire (f)	gramatyka (ż)	[gra'matika]
vocabulaire (m)	słownictwo (n)	[swɔv'nitstfɔ]
phonétique (f)	fonetyka (ż)	[fɔ'nɛtika]
manuel (m)	podręcznik (m)	[pɔd'rɛntʃnik]
dictionnaire (m)	słownik (m)	['swɔvnik]
manuel (m) autodidacte	samouczek (m)	[samɔ'utʃɛk]
guide (m) de conversation	rozmówki (l.mn.)	[rɔz'mufki]
cassette (f)	kaseta (ż)	[ka'sɛta]

cassette (f) vidéo	**kaseta** (ż) **wideo**	[ka'sɛta vi'dɛɔ]
CD (m)	**płyta CD** (ż)	['pwita si'di]
DVD (m)	**płyta DVD** (ż)	['pwita divi'di]
alphabet (m)	**alfabet** (m)	[aʎ'fabɛt]
épeler (vt)	**przeliterować**	[pʃɛlite'rɔvatʃ]
prononciation (f)	**wymowa** (ż)	[vɨ'mɔva]
accent (m)	**akcent** (m)	['aktsɛnt]
avec un accent	**z akcentem**	[z ak'tsɛntɛm]
sans accent	**bez akcentu**	[bɛz ak'tsɛntu]
mot (m)	**wyraz** (m), **słowo** (n)	['vɨras], ['svɔvɔ]
sens (m)	**znaczenie** (n)	[zna'tʃɛnie]
cours (m pl)	**kurs** (m)	[kurs]
s'inscrire (vp)	**zapisać się**	[za'pisatʃ ɕɛ̃]
professeur (m) (~ d'anglais)	**wykładowca** (m)	[vɨkwa'dɔftsa]
traduction (f) (action)	**tłumaczenie** (n)	[twumat'ʃɛne]
traduction (f) (texte)	**przekład** (m)	['pʃɛkwat]
traducteur (m)	**tłumacz** (m)	['twumatʃ]
interprète (m)	**tłumacz** (m)	['twumatʃ]
polyglotte (m)	**poliglota** (m)	[pɔlig'lɔta]
mémoire (f)	**pamięć** (ż)	['pamɛ̃tʃ]

T&P BOOKS

LES REPAS.
LE RESTAURANT

48. Le dressage de la table
49. Le restaurant
50. Les repas
51. Les plats cuisinés
52. Les aliments
53. Les boissons
54. Les légumes
55. Les fruits. Les noix
56. Le pain. Les confiseries
57. Les épices

T&P Books Publishing

48. Le dressage de la table

cuillère (f)	**łyżka** (z)	['wiʃka]
couteau (m)	**nóż** (m)	[nuʃ]
fourchette (f)	**widelec** (m)	[vi'dɛlets]
tasse (f)	**filiżanka** (z)	[fili'ʒaŋka]
assiette (f)	**talerz** (m)	['taleʃ]
soucoupe (f)	**spodek** (m)	['spɔdɛk]
serviette (f)	**serwetka** (z)	[sɛr'vɛtka]
cure-dent (m)	**wykałaczka** (z)	[vɨka'watʃka]

49. Le restaurant

restaurant (m)	**restauracja** (z)	[rɛstau'ratsʰja]
salon (m) de café	**kawiarnia** (z)	[ka'vʲarɲa]
bar (m)	**bar** (m)	[bar]
salon (m) de thé	**herbaciarnia** (z)	[hɛrba'tʃarɲa]
serveur (m)	**kelner** (m)	['kɛʎnɛr]
serveuse (f)	**kelnerka** (z)	[kɛʎ'nɛrka]
barman (m)	**barman** (m)	['barman]
carte (f)	**menu** (n)	['menu]
carte (f) des vins	**karta** (z) **win**	['karta vin]
réserver une table	**zarezerwować stolik**	[zarɛzɛrvɔvatʃ 'stɔlik]
plat (m)	**danie** (n)	['dane]
commander (vt)	**zamówić**	[za'muvitʃ]
faire la commande	**zamówić**	[za'muvitʃ]
apéritif (m)	**aperitif** (m)	[apɛri'tif]
hors-d'œuvre (m)	**przystawka** (z)	[pʃis'tafka]
dessert (m)	**deser** (m)	['dɛsɛr]
addition (f)	**rachunek** (m)	[ra'hunɛk]
régler l'addition	**zapłacić rachunek**	[zap'watʃitʃ ra'hunɛk]
rendre la monnaie	**wydać resztę**	['vidatʃ 'rɛʃtɛ̃]
pourboire (m)	**napiwek** (m)	[na'pivɛk]

50. Les repas

nourriture (f)	**jedzenie** (n)	[e'dzɛne]
manger (vi, vt)	**jeść**	[etʃ]

petit déjeuner (m)	śniadanie (n)	[ɕɲa'dane]
prendre le petit déjeuner	jeść śniadanie	[eɕtʃ ɕɲa'dane]
déjeuner (m)	obiad (m)	['ɔbʲat]
déjeuner (vi)	jeść obiad	[eɕtʃ 'ɔbʲat]
dîner (m)	kolacja (ż)	[kɔ'ʎatsʰja]
dîner (vi)	jeść kolację	[eɕtʃ kɔ'ʎatsʰɛ̃]
appétit (m)	apetyt (m)	[a'pɛtɨt]
Bon appétit!	Smacznego!	[smatʃ'nɛgɔ]
ouvrir (vt)	otwierać	[ɔt'feratʃ]
renverser (liquide)	rozlać	['rɔzʎatʃ]
se renverser (liquide)	rozlać się	['rɔzʎatʃ ɕɛ̃]
bouillir (vi)	gotować się	[gɔ'tɔvatʃ ɕɛ̃]
faire bouillir	gotować	[gɔ'tɔvatʃ]
bouilli (l'eau ~e)	gotowany	[gɔtɔ'vanɨ]
refroidir (vt)	ostudzić	[ɔs'tudʑitʃ]
se refroidir (vp)	stygnąć	['stɨgnɔ̃tʃ]
goût (m)	smak (m)	[smak]
arrière-goût (m)	posmak (m)	['pɔsmak]
suivre un régime	odchudzać się	[ɔd'hudzatʃ ɕɛ̃]
régime (m)	dieta (ż)	['dʰeta]
vitamine (f)	witamina (ż)	[vita'mina]
calorie (f)	kaloria (ż)	[ka'lɔrja]
végétarien (m)	wegetarianin (m)	[vɛgɛtar'ʲjanin]
végétarien (adj)	wegetariański	[vɛgɛtar'ʲjaɲski]
lipides (m pl)	tłuszcze (l.mn.)	['twuʃtʃɛ]
protéines (f pl)	białka (l.mn.)	['bʲawka]
glucides (m pl)	węglowodany (l.mn.)	[vɛ̃ɛ̃zvɔ'danɨ]
tranche (f)	plasterek (m)	[pʎas'tɛrɛk]
morceau (m)	kawałek (m)	[ka'vawɛk]
miette (f)	okruchek (m)	[ɔk'ruhɛk]

51. Les plats cuisinés

plat (m)	danie (n)	['dane]
cuisine (f)	kuchnia (ż)	['kuhɲa]
recette (f)	przepis (m)	['pʃɛpis]
portion (f)	porcja (ż)	['pɔrtsʰja]
salade (f)	sałatka (ż)	[sa'watka]
soupe (f)	zupa (ż)	['zupa]
bouillon (m)	rosół (m)	['rɔsuw]
sandwich (m)	kanapka (ż)	[ka'napka]
les œufs brouillés	jajecznica (ż)	[jaetʃ'nitsa]

boulette (f)	kotlet (m)	['kɔtlɛt]
hamburger (m)	hamburger (m)	[ham'burgɛr]
steak (m)	befsztyk (m)	['bɛfʃtik]
rôti (m)	pieczeń (ż)	['petʃɛɲ]

garniture (f)	dodatki (l.mn.)	[dɔ'datki]
spaghettis (m pl)	spaghetti (n)	[spa'gɛtti]
pizza (f)	pizza (ż)	['pitsa]
bouillie (f)	kasza (ż)	['kaʃa]
omelette (f)	omlet (m)	['ɔmlɛt]

cuit à l'eau (adj)	gotowany	[gɔtɔ'vani]
fumé (adj)	wędzony	[vɛ̃'dzɔni]
frit (adj)	smażony	[sma'ʒɔni]
sec (adj)	suszony	[su'ʃɔni]
congelé (adj)	mrożony	[mrɔ'ʒɔni]
mariné (adj)	marynowany	[marinɔ'vani]

sucré (adj)	słodki	['swɔtki]
salé (adj)	słony	['swɔni]
froid (adj)	zimny	['ʒimni]
chaud (adj)	gorący	[gɔ'rɔ̃tsi]
amer (adj)	gorzki	['gɔʃki]
bon (savoureux)	smaczny	['smatʃni]

cuire à l'eau	gotować	[gɔ'tɔvatʃ]
préparer (le dîner)	gotować	[gɔ'tɔvatʃ]
faire frire	smażyć	['smaʒitʃ]
réchauffer (vt)	odgrzewać	[ɔdg'ʒɛvatʃ]

saler (vt)	solić	['sɔlitʃ]
poivrer (vt)	pieprzyć	['pepʃitʃ]
râper (vt)	trzeć	[tʃɛtʃ]
peau (f)	skórka (ż)	['skurka]
éplucher (vt)	obierać	[ɔ'beratʃ]

52. Les aliments

viande (f)	mięso (n)	['mensɔ]
poulet (m)	kurczak (m)	['kurtʃak]
poulet (m) (poussin)	kurczak (m)	['kurtʃak]
canard (m)	kaczka (ż)	['katʃka]
oie (f)	gęś (ż)	[gɛ̃ɕ]
gibier (m)	dziczyzna (ż)	[dʒit'ʃizna]
dinde (f)	indyk (m)	['indik]

du porc	wieprzowina (ż)	[vepʃɔ'vina]
du veau	cielęcina (ż)	[tʃelɛ̃'tʃina]
du mouton	baranina (ż)	[bara'nina]
du bœuf	wołowina (ż)	[vɔwɔ'vina]

lapin (m)	królik (m)	['krulik]
saucisson (m)	kiełbasa (ż)	[kew'basa]
saucisse (f)	parówka (ż)	[pa'rufka]
bacon (m)	boczek (m)	['botʃɛk]
jambon (m)	szynka (ż)	['ʃiŋka]
cuisse (f)	szynka (ż)	['ʃiŋka]
pâté (m)	pasztet (m)	['paʃtɛt]
foie (m)	wątróbka (ż)	[võt'rupka]
lard (m)	smalec (m)	['smalets]
farce (f)	farsz (m)	[farʃ]
langue (f)	ozór (m)	['ɔzur]
œuf (m)	jajko (n)	['jajkɔ]
les œufs	jajka (l.mn.)	['jajka]
blanc (m) d'œuf	białko (n)	['bʲawkɔ]
jaune (m) d'œuf	żółtko (n)	['ʒuwtkɔ]
poisson (m)	ryba (ż)	['riba]
fruits (m pl) de mer	owoce (l.mn.) morza	[ɔ'vɔtsɛ 'mɔʒa]
caviar (m)	kawior (m)	['kavɜr]
crabe (m)	krab (m)	[krap]
crevette (f)	krewetka (ż)	[krɛ'vɛtka]
huître (f)	ostryga (ż)	[ɔst'riga]
langoustine (f)	langusta (ż)	[ʎa'ŋusta]
poulpe (m)	ośmiornica (ż)	[ɔɕmɜr'nitsa]
calamar (m)	kałamarnica (ż)	[kawamar'nitsa]
esturgeon (m)	mięso (n) jesiotra	['mensɔ e'ɕɔtra]
saumon (m)	łosoś (m)	['wɔsɔɕ]
flétan (m)	halibut (m)	[ha'libut]
morue (f)	dorsz (m)	[dɔrʃ]
maquereau (m)	makrela (ż)	[mak'rɛla]
thon (m)	tuńczyk (m)	['tuɲtʃik]
anguille (f)	węgorz (m)	['vɛŋɔʃ]
truite (f)	pstrąg (m)	[pstrõk]
sardine (f)	sardynka (ż)	[sar'diɲka]
brochet (m)	szczupak (m)	['ʃtʃupak]
hareng (m)	śledź (m)	[ɕletɕ]
pain (m)	chleb (m)	[hlep]
fromage (m)	ser (m)	[sɛr]
sucre (m)	cukier (m)	['tsuker]
sel (m)	sól (ż)	[suʎ]
riz (m)	ryż (m)	[riʃ]
pâtes (m pl)	makaron (m)	[ma'karɔn]
nouilles (f pl)	makaron (m)	[ma'karɔn]
beurre (m)	masło (n) śmietankowe	['maswɔ ɕmeta'ŋkɔvɛ]

huile (f) végétale	olej (m) roślinny	['ɔlej rɔɕliɲi]
huile (f) de tournesol	olej (m) słonecznikowy	['ɔlej swɔnɛtʃnikɔvi]
margarine (f)	margaryna (ż)	[marga'rina]
olives (f pl)	oliwki (ż, l.mn.)	[ɔ'lifki]
huile (f) d'olive	olej (m) oliwkowy	['ɔlej ɔlif'kɔvi]
lait (m)	mleko (n)	['mlekɔ]
lait (m) condensé	mleko skondensowane	['mlekɔ skɔndɛnsɔ'vanɛ]
yogourt (m)	jogurt (m)	[ɜgurt]
crème (f) aigre	śmietana (ż)	[ɕme'tana]
crème (f) (de lait)	śmietanka (ż)	[ɕme'taŋka]
sauce (f) mayonnaise	majonez (m)	[maɜnɛs]
crème (f) au beurre	krem (m)	[krɛm]
gruau (m)	kasza (ż)	['kaʃa]
farine (f)	mąka (ż)	['mɔ̃ka]
conserves (f pl)	konserwy (l.mn.)	[kɔn'sɛrvi]
pétales (m pl) de maïs	płatki (l.mn.) kukurydziane	['pwatki kukuri'dʒʲanɛ]
miel (m)	miód (m)	[myt]
confiture (f)	dżem (m)	[dʒɛm]
gomme (f) à mâcher	guma (ż) do żucia	['guma dɔ 'ʒutʃa]

53. Les boissons

eau (f)	woda (ż)	['vɔda]
eau (f) potable	woda (ż) pitna	['vɔda 'pitna]
eau (f) minérale	woda (ż) mineralna	['vɔda minɛ'raʎna]
plate (adj)	niegazowana	[nega'zɔvana]
gazeuse (l'eau ~)	gazowana	[ga'zɔvana]
pétillante (adj)	gazowana	[ga'zɔvana]
glace (f)	lód (m)	[lyt]
avec de la glace	z lodem	[z 'lɔdɛm]
sans alcool	bezalkoholowy	[bɛzaʎkɔhɔ'lɔvi]
boisson (f) non alcoolisée	napój (m) bezalkoholowy	['nɑpuj bɛzalkɔhɔ'lɔvi]
rafraîchissement (m)	napój (m) orzeźwiający	['napuj ɔʒɛʑvjaɔ̃tɕi]
limonade (f)	lemoniada (ż)	[lemɔ'ɲjada]
boissons (f pl) alcoolisées	napoje (l.mn.) alkoholowe	[na'pɔe aʎkɔhɔ'lɔvɛ]
vin (m)	wino (n)	['vinɔ]
vin (m) blanc	białe wino (n)	['bʲawɛ 'vinɔ]
vin (m) rouge	czerwone wino (n)	[tʃɛr'vɔnɛ 'vinɔ]
liqueur (f)	likier (m)	['liker]
champagne (m)	szampan (m)	['ʃampan]
vermouth (m)	wermut (m)	['vɛrmut]

whisky (m)	whisky (ż)	[u'iski]
vodka (f)	wódka (ż)	['vutka]
gin (m)	dżin (m), gin (m)	[dʒin]
cognac (m)	koniak (m)	['kɔɲjak]
rhum (m)	rum (m)	[rum]

café (m)	kawa (ż)	['kava]
café (m) noir	czarna kawa (ż)	['tʃarna 'kava]
café (m) au lait	kawa (ż) z mlekiem	['kava z 'mlekem]
cappuccino (m)	cappuccino (n)	[kapu'tʃinɔ]
café (m) soluble	kawa (ż) rozpuszczalna	['kava rɔspuʃt'ʃaʎna]

lait (m)	mleko (n)	['mlekɔ]
cocktail (m)	koktajl (m)	['kɔktajʎ]
cocktail (m) au lait	koktajl (m) mleczny	['kɔktajʎ 'mletʃni]

jus (m)	sok (m)	[sɔk]
jus (m) de tomate	sok (m) pomidorowy	[sɔk pomidɔ'rɔvi]
jus (m) d'orange	sok (m) pomarańczowy	[sɔk pomaraɲt'ʃɔvi]
jus (m) pressé	sok (m) ze świeżych owoców	[sɔk zɛ 'ɕfeʒih ɔ'vɔtsuf]

bière (f)	piwo (n)	['pivɔ]
bière (f) blonde	piwo (n) jasne	[pivɔ 'jasnɛ]
bière (f) brune	piwo (n) ciemne	[pivɔ 'tʃemnɛ]

thé (m)	herbata (ż)	[hɛr'bata]
thé (m) noir	czarna herbata (ż)	['tʃarna hɛr'bata]
thé (m) vert	zielona herbata (ż)	[ʒe'lɔna hɛr'bata]

54. Les légumes

légumes (m pl)	warzywa (l.mn.)	[va'ʒiva]
verdure (f)	włoszczyzna (ż)	[vwɔʃt'ʃizna]

tomate (f)	pomidor (m)	[pɔ'midɔr]
concombre (m)	ogórek (m)	[ɔ'gurɛk]
carotte (f)	marchew (ż)	['marhɛf]
pomme (f) de terre	ziemniak (m)	[ʒem'ɲak]
oignon (m)	cebula (ż)	[tsɛ'buʎa]
ail (m)	czosnek (m)	['tʃɔsnɛk]

chou (m)	kapusta (ż)	[ka'pusta]
chou-fleur (m)	kalafior (m)	[ka'ʎafɔr]
chou (m) de Bruxelles	brukselka (ż)	[bruk'sɛʎka]
brocoli (m)	brokuły (l.mn.)	[brɔ'kuwɨ]

betterave (f)	burak (m)	['burak]
aubergine (f)	bakłażan (m)	[bak'waʒan]
courgette (f)	kabaczek (m)	[ka'batʃɛk]

potiron (m)	dynia (ż)	['dɨɲa]
navet (m)	rzepa (ż)	['ʒɛpa]
persil (m)	pietruszka (ż)	[pet'ruʃka]
fenouil (m)	koperek (m)	[kɔ'pɛrɛk]
laitue (f) (salade)	sałata (ż)	[sa'wata]
céleri (m)	seler (m)	['sɛler]
asperge (f)	szparagi (l.mn.)	[ʃpa'ragi]
épinard (m)	szpinak (m)	['ʃpinak]
pois (m)	groch (m)	[grɔh]
fèves (f pl)	bób (m)	[bup]
maïs (m)	kukurydza (ż)	[kuku'ridza]
haricot (m)	fasola (ż)	[fa'sɔʎa]
poivron (m)	słodka papryka (ż)	['swɔdka pap'rika]
radis (m)	rzodkiewka (ż)	[ʒɔt'kefka]
artichaut (m)	karczoch (m)	['kartʃɔh]

55. Les fruits. Les noix

fruit (m)	owoc (m)	['ɔvɔts]
pomme (f)	jabłko (n)	['jabkɔ]
poire (f)	gruszka (ż)	['gruʃka]
citron (m)	cytryna (ż)	[tsɨt'rina]
orange (f)	pomarańcza (ż)	[pɔma'raɲtʃa]
fraise (f)	truskawka (ż)	[trus'kafka]
mandarine (f)	mandarynka (ż)	[manda'riŋka]
prune (f)	śliwka (ż)	['ɕlifka]
pêche (f)	brzoskwinia (ż)	[bʒɔsk'fiɲa]
abricot (m)	morela (ż)	[mɔ'rɛʎa]
framboise (f)	malina (ż)	[ma'lina]
ananas (m)	ananas (m)	[a'nanas]
banane (f)	banan (m)	['banan]
pastèque (f)	arbuz (m)	['arbus]
raisin (m)	winogrona (l.mn.)	[vinɔg'rɔna]
cerise (f)	wiśnia (ż)	['viɕɲa]
merise (f)	czereśnia (ż)	[tʃɛ'rɛɕɲa]
melon (m)	melon (m)	['mɛlɜn]
pamplemousse (m)	grejpfrut (m)	['grɛjpfrut]
avocat (m)	awokado (n)	[avɔ'kadɔ]
papaye (f)	papaja (ż)	[pa'paja]
mangue (f)	mango (n)	['maŋɔ]
grenade (f)	granat (m)	['granat]
groseille (f) rouge	czerwona porzeczka (ż)	[tʃɛr'vɔna pɔ'ʒɛtʃka]
cassis (m)	czarna porzeczka (ż)	['tʃarna pɔ'ʒɛtʃka]

groseille (f) verte	agrest (m)	['agrɛst]
myrtille (f)	borówka (z) czarna	[bɔ'rɔfka 'tʃarna]
mûre (f)	jeżyna (z)	[e'ʒɨna]

raisin (m) sec	rodzynek (m)	[rɔ'dzinɛk]
figue (f)	figa (ż)	['figa]
datte (f)	daktyl (m)	['daktɨl]

cacahuète (f)	orzeszek (l.mn.) ziemny	[ɔ'ʒɛʃɛk 'ʒemnɛ]
amande (f)	migdał (m)	['migdaw]
noix (f)	orzech (m) włoski	['ɔʒɛh 'vwɔski]
noisette (f)	orzech (m) laskowy	['ɔʒɛh ʎas'kɔvɨ]
noix (f) de coco	orzech (m) kokosowy	['ɔʒɛh kɔkɔ'sɔvɨ]
pistaches (f pl)	fistaszki (l.mn.)	[fis'taʃki]

56. Le pain. Les confiseries

confiserie (f)	wyroby (l.mn.) cukiernicze	[vɨ'rɔbɨ tsuker'nitʃɛ]
pain (m)	chleb (m)	[hlep]
biscuit (m)	herbatniki (l.mn.)	[hɛrbat'niki]

chocolat (m)	czekolada (z)	[tʃɛkɔ'ʎada]
en chocolat (adj)	czekoladowy	[tʃɛkɔʎa'dɔvɨ]
bonbon (m)	cukierek (m)	[tsu'kerɛk]
gâteau (m), pâtisserie (f)	ciastko (n)	['tʃastkɔ]
tarte (f)	tort (m)	[tɔrt]

| gâteau (m) | ciasto (n) | ['tʃastɔ] |
| garniture (f) | nadzienie (n) | [na'dʒene] |

confiture (f)	konfitura (z)	[kɔnfi'tura]
marmelade (f)	marmolada (z)	[marmɔ'ʎada]
gaufre (f)	wafle (l.mn.)	['vafle]
glace (f)	lody (l.mn.)	['lɔdɨ]

57. Les épices

sel (m)	sól (z)	[suʎ]
salé (adj)	słony	['swɔnɨ]
saler (vt)	solić	['sɔlitʃ]

poivre (m) noir	pieprz (m) czarny	[pepʃ 'tʃarni]
poivre (m) rouge	papryka (z)	[pap'rika]
moutarde (f)	musztarda (z)	[muʃ'tarda]
raifort (m)	chrzan (m)	[hʃan]

| condiment (m) | przyprawa (z) | [pʃɨp'rava] |
| épice (f) | przyprawa (z) | [pʃɨp'rava] |

sauce (f)	sos (m)	[sɔs]
vinaigre (m)	ocet (m)	['ɔtset]
anis (m)	anyż (m)	['aniʃ]
basilic (m)	bazylia (ż)	[ba'ziʎja]
clou (m) de girofle	goździki (l.mn.)	['gɔʑʥiki]
gingembre (m)	imbir (m)	['imbir]
coriandre (m)	kolendra (ż)	[kɔ'lendra]
cannelle (f)	cynamon (m)	[tsi'namɔn]
sésame (m)	sezam (m)	['sɛzam]
feuille (f) de laurier	liść (m) laurowy	[liɕʧ ʎau'rɔvɨ]
paprika (m)	papryka (ż)	[pap'rika]
cumin (m)	kminek (m)	['kminɛk]
safran (m)	szafran (m)	['ʃafran]

T&P BOOKS

LES DONNÉES PERSONNELLES. LA FAMILLE

58. Les données personnelles. Les formulaires
59. La famille. Les liens de parenté
60. Les amis. Les collègues

T&P Books Publishing

58. Les données personnelles. Les formulaires

prénom (m)	imię (n)	['imɛ̃]
nom (m) de famille	nazwisko (n)	[naz'viskɔ]
date (f) de naissance	data (ż) urodzenia	['data urɔ'dzɛɲa]
lieu (m) de naissance	miejsce (n) urodzenia	['mejstsɛ urɔ'dzɛɲa]

nationalité (f)	narodowość (ż)	[narɔ'dɔvɔçtʃ]
domicile (m)	miejsce (n) zamieszkania	['mejstsɛ zameʃ'kaɲa]
pays (m)	kraj (m)	[kraj]
profession (f)	zawód (m)	['zavut]

sexe (m)	płeć (ż)	['pwɛtʃ]
taille (f)	wzrost (m)	[vzrɔst]
poids (m)	waga (ż)	['vaga]

59. La famille. Les liens de parenté

mère (f)	matka (ż)	['matka]
père (m)	ojciec (m)	['ɔjtʃets]
fils (m)	syn (m)	[sin]
fille (f)	córka (ż)	['tsurka]

fille (f) cadette	młodsza córka (ż)	['mwɔtʃa 'tsurka]
fils (m) cadet	młodszy syn (m)	['mwɔtʃi sin]
fille (f) aînée	starsza córka (ż)	['starʃa 'tsurka]
fils (m) aîné	starszy syn (m)	['starʃi sin]

frère (m)	brat (m)	[brat]
sœur (f)	siostra (ż)	['çɔstra]

cousin (m)	kuzyn (m)	['kuzin]
cousine (f)	kuzynka (ż)	[ku'zinka]
maman (f)	mama (ż)	['mama]
papa (m)	tata (m)	['tata]
parents (m pl)	rodzice (l.mn.)	[rɔ'dʒitsɛ]
enfant (m, f)	dziecko (n)	['dʒetskɔ]
enfants (pl)	dzieci (l.mn.)	['dʒetʃi]

grand-mère (f)	babcia (ż)	['babtʃa]
grand-père (m)	dziadek (m)	['dʒʲadɛk]
petit-fils (m)	wnuk (m)	[vnuk]
petite-fille (f)	wnuczka (ż)	['vnutʃka]
petits-enfants (pl)	wnuki (l.mn.)	['vnuki]

oncle (m)	wujek (m)	['vuek]
tante (f)	ciocia (ż)	['t͡ɕɔt͡ɕʲa]
neveu (m)	bratanek (m),	[bra'tanɛk],
	siostrzeniec (m)	[sɔst'ʃɛnet͡s]
nièce (f)	bratanica (ż),	[brata'nit͡sa],
	siostrzenica (ż)	[sɔst'ʃɛnit͡sa]

belle-mère (f)	teściowa (ż)	[tɛɕ'tʃɔva]
beau-père (m)	teść (m)	[tɛɕt͡ɕ]
gendre (m)	zięć (m)	[ʒɛ̃t͡ɕ]
belle-mère (f)	macocha (ż)	[ma'tsɔha]
beau-père (m)	ojczym (m)	['ɔjt͡ʃim]

nourrisson (m)	niemowlę (n)	[ne'mɔvlɛ̃]
bébé (m)	niemowlę (n)	[ne'mɔvlɛ̃]
petit (m)	maluch (m)	['malyh]

femme (f)	żona (ż)	['ʒɔna]
mari (m)	mąż (m)	[mɔ̃ʃ]
époux (m)	małżonek (m)	[maw'ʒɔnɛk]
épouse (f)	małżonka (ż)	[maw'ʒɔŋka]

marié (adj)	żonaty	[ʒɔ'nati]
mariée (adj)	zamężna	[za'mɛnʒna]
célibataire (adj)	nieżonaty	[neʒɔ'nati]
célibataire (m)	kawaler (m)	[ka'valer]
divorcé (adj)	rozwiedziony	[rɔzve'd͡ʒɔni]
veuve (f)	wdowa (ż)	['vdɔva]
veuf (m)	wdowiec (m)	['vdɔvet͡s]

parent (m)	krewny (m)	['krɛvni]
parent (m) proche	bliski krewny (m)	['bliski 'krɛvni]
parent (m) éloigné	daleki krewny (m)	[da'leki 'krɛvni]
parents (m pl)	rodzina (ż)	[rɔ'd͡ʒina]

orphelin (m), orpheline (f)	sierota (ż)	[ɕe'rɔta]
tuteur (m)	opiekun (m)	[ɔ'pekun]
adopter (un garçon)	zaadoptować	[za:dɔp'tɔvat͡ʃ]
adopter (une fille)	zaadoptować	[za:dɔp'tɔvat͡ʃ]

60. Les amis. Les collègues

ami (m)	przyjaciel (m)	[pʃi'jat͡ʃeʎ]
amie (f)	przyjaciółka (ż)	[pʃija't͡ʃuwka]
amitié (f)	przyjaźń (ż)	['pʃijazʲɲ]
être ami	przyjaźnić się	[pʃi'jazʲnit͡ʃ ɕɛ̃]

copain (m)	kumpel (m)	['kumpɛʎ]
copine (f)	kumpela (ż)	[kum'pɛʎa]
partenaire (m)	partner (m)	['partnɛr]

chef (m)	szef (m)	[ʃɛf]
supérieur (m)	kierownik (m)	[ke'rɔvnik]
subordonné (m)	podwładny (m)	[pɔdv'wadnɨ]
collègue (m, f)	koleżanka (z)	[kɔle'ʒaŋka]
connaissance (f)	znajomy (m)	[znaɜmɨ]
compagnon (m) de route	towarzysz (m) podróży	[tɔ'vaʒiʃ pɔd'ruʒɨ]
copain (m) de classe	kolega (m) z klasy	[kɔ'lega s 'kʎasɨ]
voisin (m)	sąsiad (m)	['sɔ̃ɕat]
voisine (f)	sąsiadka (z)	[sɔ̃'ɕatka]
voisins (m pl)	sąsiedzi (l.mn.)	[sɔ̃'ɕedʑi]

LE CORPS HUMAIN.
LES MÉDICAMENTS

61. La tête
62. Le corps humain
63. Les maladies
64. Les symptômes. Le traitement. Partie 1
65. Les symptômes. Le traitement. Partie 2
66. Les symptômes. Le traitement. Partie 3
67. Les médicaments. Les accessoires

T&P Books Publishing

61. La tête

tête (f)	głowa (ż)	['gwɔva]
visage (m)	twarz (ż)	[tfaʃ]
nez (m)	nos (m)	[nɔs]
bouche (f)	usta (l.mn.)	['usta]
œil (m)	oko (n)	['ɔkɔ]
les yeux	oczy (l.mn.)	['ɔtʃi]
pupille (f)	źrenica (ż)	[ʑʲre'nitsa]
sourcil (m)	brew (ż)	[brɛf]
cil (m)	rzęsy (l.mn.)	['ʒɛnsi]
paupière (f)	powieka (ż)	[pɔ'veka]
langue (f)	język (m)	['enzik]
dent (f)	ząb (m)	[zɔ̃mp]
lèvres (f pl)	wargi (l.mn.)	['vargi]
pommettes (f pl)	kości (l.mn.) policzkowe	['kɔɕtʃi politʃ'kɔvɛ]
gencive (f)	dziąsło (n)	[dʒɔ̃swɔ]
palais (m)	podniebienie (n)	[pɔdne'bene]
narines (f pl)	nozdrza (l.mn.)	['nɔzdʒa]
menton (m)	podbródek (m)	[pɔdb'rudek]
mâchoire (f)	szczęka (ż)	['ʃtʃɛŋka]
joue (f)	policzek (m)	[pɔ'litʃɛk]
front (m)	czoło (n)	['tʃɔwɔ]
tempe (f)	skroń (ż)	[skrɔɲ]
oreille (f)	ucho (n)	['uhɔ]
nuque (f)	potylica (ż)	[pɔti'litsa]
cou (m)	szyja (ż)	['ʃija]
gorge (f)	gardło (n)	['gardwɔ]
cheveux (m pl)	włosy (l.mn.)	['vwɔsi]
coiffure (f)	fryzura (ż)	[fri'zura]
coupe (f)	uczesanie (n)	[utʃɕ'ɕanɔ]
perruque (f)	peruka (ż)	[pɛ'ruka]
moustache (f)	wąsy (l.mn.)	['vɔ̃si]
barbe (f)	broda (ż)	['brɔda]
porter (~ la barbe)	nosić	['nɔɕitʃ]
tresse (f)	warkocz (m)	['varkɔtʃ]
favoris (m pl)	baczki (l.mn.)	['batʃki]
roux (adj)	rudy	['rudi]
gris, grisonnant (adj)	siwy	['ɕivi]

| chauve (adj) | łysy | ['wisi] |
| calvitie (f) | łysina (ż) | [wi'ɕina] |

| queue (f) de cheval | koński ogon (m) | ['kɔɲski 'ɔgɔn] |
| frange (f) | grzywka (ż) | ['gʒɨfka] |

62. Le corps humain

| main (f) | dłoń (ż) | [dwɔɲ] |
| bras (m) | ręka (ż) | ['rɛŋka] |

doigt (m)	palec (m)	['palɛʦ]
pouce (m)	kciuk (m)	['kʧuk]
petit doigt (m)	mały palec (m)	['mawɨ 'palɛʦ]
ongle (m)	paznokieć (m)	[paz'nɔkɛʨ]

poing (m)	pięść (ż)	[pɛ̃ɕʨ]
paume (f)	dłoń (ż)	[dwɔɲ]
poignet (m)	nadgarstek (m)	[nad'garstɛk]
avant-bras (m)	przedramię (n)	[pʃɛd'ramɛ̃]

| coude (m) | łokieć (n) | ['wɔkɛʨ] |
| épaule (f) | ramię (n) | ['ramɛ̃] |

jambe (f)	noga (ż)	['nɔga]
pied (m)	stopa (ż)	['stɔpa]
genou (m)	kolano (n)	[kɔ'ʎanɔ]
mollet (m)	łydka (ż)	['wɨtka]

| hanche (f) | biodro (n) | ['bɔdrɔ] |
| talon (m) | pięta (ż) | ['penta] |

corps (m)	ciało (n)	['ʧawɔ]
ventre (m)	brzuch (m)	[bʒuh]
poitrine (f)	pierś (ż)	[pɛrɕ]
sein (m)	piersi (l.mn.)	['pɛrɕi]
côté (m)	bok (m)	[bɔk]
dos (m)	plecy (l.mn.)	['plɛʦɨ]

| reins (région lombaire) | krzyż (m) | [kʃɨʃ] |
| taille (f) (~ de guêpe) | talia (ż) | ['taʎja] |

nombril (m)	pępek (m)	['pɛ̃pɛk]
fesses (f pl)	pośladki (l.mn.)	[pɔɕ'ʎatki]
derrière (m)	tyłek (m)	['tɨwɛk]

grain (m) de beauté	pieprzyk (m)	['pepʃɨk]
tache (f) de vin	znamię (n)	['znamɛ̃]
tatouage (m)	tatuaż (m)	[ta'tuaʃ]
cicatrice (f)	blizna (ż)	['bliznа]

63. Les maladies

maladie (f)	choroba (ż)	[hɔ'rɔba]
être malade	chorować	[hɔ'rɔvatʃ]
santé (f)	zdrowie (n)	['zdrɔvɛ]
rhume (m) (coryza)	katar (m)	['katar]
angine (f)	angina (ż)	[aɲina]
refroidissement (m)	przeziębienie (n)	[pʃɛʒɛ̃'bene]
prendre froid	przeziębić się	[pʃɛ'ʒembitʃ cɛ̃]
bronchite (f)	zapalenie (n) oskrzeli	[zapa'lɛne ɔsk'ʃɛli]
pneumonie (f)	zapalenie (n) płuc	[zapa'lɛne pwuts]
grippe (f)	grypa (ż)	['gripa]
myope (adj)	krótkowzroczny	[krutkɔvz'rɔtʃni]
presbyte (adj)	dalekowzroczny	[dalekɔvz'rɔtʃni]
strabisme (m)	zez (m)	[zɛs]
strabique (adj)	zezowaty	[zɛzɔ'vati]
cataracte (f)	katarakta (ż)	[kata'rakta]
glaucome (m)	jaskra (ż)	['jaskra]
insulte (f)	wylew (m)	['vilef]
crise (f) cardiaque	zawał (m)	['zavaw]
infarctus (m) de myocarde	zawał (m) mięśnia sercowego	['zavaw 'mɛ̃çɲa sɛrtsɔ'vɛgɔ]
paralysie (f)	paraliż (m)	[pa'raliʃ]
paralyser (vt)	sparaliżować	[sparali'ʒɔvatʃ]
allergie (f)	alergia (ż)	[a'lergʲja]
asthme (m)	astma (ż)	['astma]
diabète (m)	cukrzyca (ż)	[tsuk'ʃitsa]
mal (m) de dents	ból (m) zęba	[buʎ 'zɛ̃ba]
carie (f)	próchnica (ż)	[pruh'nitsa]
diarrhée (f)	rozwolnienie (n)	[rɔzvɔʎ'nene]
constipation (f)	zaparcie (n)	[za'partʃe]
estomac (m) barbouillé	rozstrój (m) żołądka	['rɔsstruj ʒɔ'wõtka]
intoxication (f) alimentaire	zatrucie (n) pokarmowe	[zat'rutʃe pɔkar'mɔvɛ]
être intoxiqué	zatruć się	['zatrutʃ cɛ̃]
arthrite (f)	artretyzm (m)	[art'rɛtizm]
rachitisme (m)	krzywica (ż)	[kʃi'vitsa]
rhumatisme (m)	reumatyzm (m)	[rɛu'matizm]
athérosclérose (f)	miażdżyca (ż)	[mʲaʒ'dʒitsa]
gastrite (f)	nieżyt (m) żołądka	['neʒit ʒɔ'wõtka]
appendicite (f)	zapalenie (n) wyrostka robaczkowego	[zapa'lene vi'rɔstka rɔbatʃkɔ'vɛgɔ]
ulcère (m)	wrzód (m)	[vʒut]

rougeole (f)	odra (ż)	['ɔdra]
rubéole (f)	różyczka (ż)	[ru'ʒitʃka]
jaunisse (f)	żółtaczka (ż)	[ʒuw'tatʃka]
hépatite (f)	zapalenie (n) wątroby	[zapa'lene võt'rɔbi]

schizophrénie (f)	schizofrenia (ż)	[shizɔf'rɛnʲja]
rage (f) (hydrophobie)	wścieklizna (ż)	[vɕtʃek'lizna]
névrose (f)	nerwica (ż)	[nɛr'vitsa]
commotion (f) cérébrale	wstrząs (m) mózgu	[fstʃõs 'muzgu]

cancer (m)	rak (m)	[rak]
sclérose (f)	stwardnienie (n)	[stvard'nenie]
sclérose (f) en plaques	stwardnienie (n) rozsiane	[stfard'nene rɔz'ɕanɛ]

alcoolisme (m)	alkoholizm (m)	[aʎkɔ'hɔlizm]
alcoolique (m)	alkoholik (m)	[aʎkɔ'hɔlik]
syphilis (f)	syfilis (m)	[si'filis]
SIDA (m)	AIDS (m)	[ɛjts]

tumeur (f)	nowotwór (m)	[nɔ'vɔtfur]
maligne (adj)	złośliwa	[zwɔɕ'liva]
bénigne (adj)	niezłośliwa	[nezwɔɕ'liva]

fièvre (f)	febra (ż)	['fɛbra]
malaria (f)	malaria (ż)	[ma'ʎarʲja]
gangrène (f)	gangrena (ż)	[gaŋ'rɛna]
mal (m) de mer	choroba (ż) morska	[hɔ'rɔba 'mɔrska]
épilepsie (f)	padaczka (ż)	[pa'datʃka]

épidémie (f)	epidemia (ż)	[ɛpi'dɛmʲja]
typhus (m)	tyfus (m)	['tifus]
tuberculose (f)	gruźlica (ż)	[gruʑ'litsa]
choléra (m)	cholera (ż)	[hɔ'lera]
peste (f)	dżuma (ż)	['dʒuma]

64. Les symptômes. Le traitement. Partie 1

symptôme (m)	objaw (m)	['ɔbʰjaf]
température (f)	temperatura (ż)	[tɛmpɛra'tura]
fièvre (f)	gorączka (ż)	[gɔ'rõtʃka]
pouls (m)	puls (m)	[puʎs]

vertige (m)	zawrót (m) głowy	['zavrut 'gwɔvi]
chaud (adj)	gorący	[gɔ'rõtsi]
frisson (m)	dreszcz (m)	['drɛʃtʃ]
pâle (adj)	blady	['bʎadi]

toux (f)	kaszel (m)	['kaʃɛʎ]
tousser (vi)	kaszleć	['kaʃletʃ]
éternuer (vi)	kichać	['kihatʃ]

évanouissement (m)	**omdlenie** (n)	[ɔmd'lene]
s'évanouir (vp)	**zemdleć**	['zɛmdletʃ]
bleu (m)	**siniak** (m)	['ɕiɲak]
bosse (f)	**guz** (m)	[gus]
se heurter (vp)	**uderzyć się**	[u'dɛʒitʃ ɕɛ̃]
meurtrissure (f)	**stłuczenie** (n)	[stwut'ʃene]
se faire mal	**potłuc się**	['pɔtwuts ɕɛ̃]
boiter (vi)	**kuleć**	['kuletʃ]
foulure (f)	**zwichnięcie** (n)	[zvih'nɛ̃tʃe]
se démettre (l'épaule, etc.)	**zwichnąć**	['zvihnɔ̃tʃ]
fracture (f)	**złamanie** (n)	[zwa'mane]
avoir une fracture	**otrzymać złamanie**	[ɔt'ʃimatʃ zwa'mane]
coupure (f)	**skaleczenie** (n)	[skalet'ʃene]
se couper (~ le doigt)	**skaleczyć się**	[ska'letʃitʃ ɕɛ̃]
hémorragie (f)	**krwotok** (m)	['krfɔtɔk]
brûlure (f)	**oparzenie** (n)	[ɔpa'ʒene]
se brûler (vp)	**poparzyć się**	[pɔ'paʒitʃ ɕɛ̃]
se piquer (le doigt)	**ukłuć**	['ukwutʃ]
se piquer (vp)	**ukłuć się**	['ukwutʃ ɕɛ̃]
blesser (vt)	**uszkodzić**	[uʃ'kɔdʒitʃ]
blessure (f)	**uszkodzenie** (n)	[uʃkɔ'dzene]
plaie (f) (blessure)	**rana** (z)	['rana]
trauma (m)	**uraz** (m)	['uras]
délirer (vi)	**bredzić**	['brɛdʒitʃ]
bégayer (vi)	**jąkać się**	[ɔ̃katʃ ɕɛ̃]
insolation (f)	**udar** (m) **słoneczny**	['udar swɔ'nɛtʃni]

65. Les symptômes. Le traitement. Partie 2

douleur (f)	**ból** (m)	[buʎ]
écharde (f)	**drzazga** (z)	['dʒazga]
sueur (f)	**pot** (m)	[pɔt]
suer (vi)	**pocić się**	['pɔtʃitʃ ɕɛ̃]
vomissement (m)	**wymiotowanie** (n)	[vimɔtɔ'vane]
spasmes (m pl)	**drgawki** (l.mn.)	['drgavki]
enceinte (adj)	**ciężarna** (z)	[tʃɛ̃'ʒarna]
naître (vi)	**urodzić się**	[u'rɔdʒitʃ ɕɛ̃]
accouchement (m)	**poród** (m)	['pɔrut]
accoucher (vi)	**rodzić**	['rɔdʒitʃ]
avortement (m)	**aborcja** (z)	[a'bɔrtsʰja]
respiration (f)	**oddech** (m)	['ɔddɛh]
inhalation (f)	**wdech** (m)	[vdɛh]

expiration (f)	wydech (m)	['vɨdɛh]
expirer (vi)	**zrobić wydech**	['zrɔbitʃ 'vɨdɛh]
inspirer (vi)	**zrobić wdech**	['zrɔbitʃ vdɛh]

invalide (m)	**niepełnosprawny** (m)	[nepɛwnɔsp'ravnɨ]
handicapé (m)	**kaleka** (m, ż)	[ka'leka]
drogué (m)	**narkoman** (m)	[nar'kɔman]

sourd (adj)	**niesłyszący, głuchy**	[neswɨ'ʃɔtsɨ], ['gwuhɨ]
muet (adj)	**niemy**	['nemɨ]
sourd-muet (adj)	**głuchoniemy**	[gwuhɔ'nemɨ]

fou (adj)	**zwariowany**	[zvarʰɜ'vanɨ]
fou (m)	**wariat** (m)	['varʰjat]
folle (f)	**wariatka** (ż)	[varʰ'jatka]
devenir fou	**stracić rozum**	['stratʃitʃ rɔzum]

gène (m)	**gen** (m)	[gɛn]
immunité (f)	**odporność** (ż)	[ɔt'pɔrnɔɕtʃ]
héréditaire (adj)	**dziedziczny**	[dʑe'dʑitʃnɨ]
congénital (adj)	**wrodzony**	[vrɔ'dzɔnɨ]

virus (m)	**wirus** (m)	['virus]
microbe (m)	**mikrob** (m)	['mikrɔb]
bactérie (f)	**bakteria** (ż)	[bak'tɛrʰja]
infection (f)	**infekcja** (ż)	[in'fɛktsʰja]

66. Les symptômes. Le traitement. Partie 3

| hôpital (m) | **szpital** (m) | ['ʃpitaʎ] |
| patient (m) | **pacjent** (m) | ['patsʰent] |

diagnostic (m)	**diagnoza** (ż)	[dʰjag'nɔza]
cure (f) (faire une ~)	**leczenie** (n)	[let'ʃɛne]
traitement (m)	**leczenie** (n)	[let'ʃɛne]
se faire soigner	**leczyć się**	['letʃitʃ ɕɛ̃]
traiter (un patient)	**leczyć**	['letʃitʃ]
soigner (un malade)	**opiekować się**	[ɔpe'kɔvatʃ ɕɛ̃]
soins (m pl)	**opieka** (ż)	[ɔ'peka]

opération (f)	**operacja** (ż)	[ɔpɛ'ratsʰja]
panser (vt)	**opatrzyć**	[ɔ'patʃitʃ]
pansement (m)	**opatrunek** (m)	[ɔpat'runɛk]

vaccination (f)	**szczepionka** (m)	[ʃtʃɛ'pɜŋka]
vacciner (vt)	**szczepić**	['ʃtʃɛpitʃ]
piqûre (f)	**zastrzyk** (m)	['zastʃik]
faire une piqûre	**robić zastrzyk**	['rɔbitʃ 'zastʃik]
amputation (f)	**amputacja** (ż)	[ampu'tatsʰja]
amputer (vt)	**amputować**	[ampu'tɔvatʃ]

coma (m)	śpiączka (ż)	[ɕpɔ̃tʃka]
être dans le coma	być w śpiączce	[bitʃ f ɕpɔ̃tʃse]
réanimation (f)	reanimacja (ż)	[rɛani'matsʰja]
se rétablir (vp)	wracać do zdrowia	['vratsatʃ dɔ 'zdrɔvʲa]
état (m) (de santé)	stan (m)	[stan]
conscience (f)	przytomność (ż)	[pʃi'tɔmnɔɕtʃ]
mémoire (f)	pamięć (ż)	['pamɛ̃tʃ]
arracher (une dent)	usuwać	[u'suvatʃ]
plombage (m)	plomba (ż)	['plɔmba]
plomber (vt)	plombować	[plɔm'bɔvatʃ]
hypnose (f)	hipnoza (ż)	[hip'nɔza]
hypnotiser (vt)	hipnotyzować	[hipnɔtiˈzɔvatʃ]

67. Les médicaments. Les accessoires

médicament (m)	lekarstwo (n)	[le'karstfɔ]
remède (m)	środek (m)	['ɕrɔdɛk]
prescrire (vt)	zapisać	[za'pisatʃ]
ordonnance (f)	recepta (ż)	[rɛ'tsɛpta]
comprimé (m)	tabletka (ż)	[tab'letka]
onguent (m)	maść (ż)	[maɕtʃ]
ampoule (f)	ampułka (ż)	[am'puwka]
mixture (f)	mikstura (ż)	[miks'tura]
sirop (m)	syrop (m)	['sirɔp]
pilule (f)	pigułka (ż)	[pi'guwka]
poudre (f)	proszek (m)	['prɔʃɛk]
bande (f)	bandaż (m)	['bandaʃ]
coton (m) (ouate)	wata (ż)	['vata]
iode (m)	jodyna (ż)	[ɟ'dina]
sparadrap (m)	plaster (m)	['pʎaster]
compte-gouttes (m)	zakraplacz (m)	[zak'rapʎatʃ]
thermomètre (m)	termometr (m)	[tɛr'mɔmɛtr]
seringue (f)	strzykawka (ż)	[stʃi'kafka]
fauteuil (m) roulant	wózek (m) inwalidzki	['vɔzɛk inva'lidzki]
béquilles (f pl)	kule (l.mn.)	['kule]
anesthésique (m)	środek (m) przeciwbólowy	['ɕrɔdɛk pʃɛtʃifbɔ'lɔvi]
purgatif (m)	środek (m) przeczyszczający	['ɕrɔdɛk pʃɛtʃiʃtʃaɔ̃tsi]
alcool (m)	spirytus (m)	[spi'ritus]
herbe (f) médicinale	zioła (l.mn.) lecznicze	[ʒi'ɔla lɛtʃ'nitʃɛ]
d'herbes (adj)	ziołowy	[ʒɔ'wɔvi]

L'APPARTEMENT

68. L'appartement
69. Les meubles. L'intérieur
70. La literie
71. La cuisine
72. La salle de bains
73. Les appareils électroménagers

T&P Books Publishing

68. L'appartement

appartement (m)	mieszkanie (n)	[meʃˈkane]
chambre (f)	pokój (m)	[ˈpɔkuj]
chambre (f) à coucher	sypialnia (ż)	[siˈpʲaʎɲa]
salle (f) à manger	jadalnia (ż)	[jaˈdaʎɲa]
salon (m)	salon (m)	[ˈsalɜn]
bureau (m)	gabinet (m)	[gaˈbinɛt]
antichambre (f)	przedpokój (m)	[pʃɛtˈpɔkuj]
salle (f) de bains	łazienka (ż)	[waˈʒeŋka]
toilettes (f pl)	toaleta (ż)	[tɔaˈleta]
plafond (m)	sufit (m)	[ˈsufit]
plancher (m)	podłoga (ż)	[pɔdˈwɔga]
coin (m)	kąt (m)	[kɔ̃t]

69. Les meubles. L'intérieur

meubles (m pl)	meble (l.mn.)	[ˈmɛble]
table (f)	stół (m)	[stɔw]
chaise (f)	krzesło (n)	[ˈkʃeswɔ]
lit (m)	łóżko (n)	[ˈwuʃkɔ]
canapé (m)	kanapa (ż)	[kaˈnapa]
fauteuil (m)	fotel (m)	[ˈfotɛʎ]
bibliothèque (f) (meuble)	biblioteczka (ż)	[bibʎjɔˈtɛtʃka]
rayon (m)	półka (ż)	[ˈpuwka]
étagère (f)	etażerka (ż)	[ɛtaˈʒɛrka]
armoire (f)	szafa (ż) ubraniowa	[ˈʃafa ubraˈnɜva]
patère (f)	wieszak (m)	[ˈveʃak]
portemanteau (m)	wieszak (m)	[ˈveʃak]
commode (f)	komoda (ż)	[kɔˈmɔda]
table (f) basse	stolik (m) kawowy	[ˈstɔlik kaˈvɔvi]
miroir (m)	lustro (n)	[ˈlystrɔ]
tapis (m)	dywan (m)	[ˈdivan]
petit tapis (m)	dywanik (m)	[diˈvanik]
cheminée (f)	kominek (m)	[kɔˈminɛk]
bougie (f)	świeca (ż)	[ˈɕfetsa]
chandelier (m)	świecznik (m)	[ˈɕfetʃnik]

rideaux (m pl)	zasłony (l.mn.)	[zas'wɔnɨ]
papier (m) peint	tapety (l.mn.)	[ta'pɛtɨ]
jalousie (f)	żaluzje (l.mn.)	[ʒa'lyzʰe]

lampe (f) de table	lampka (ż) na stół	['ʎampka na stɔw]
applique (f)	lampka (ż)	['ʎampka]
lampadaire (m)	lampa (ż) stojąca	['ʎampa stɔ:ʦa]
lustre (m)	żyrandol (m)	[ʒɨ'randɔʎ]

pied (m) (~ de la table)	noga (ż)	['nɔga]
accoudoir (m)	poręcz (ż)	['pɔrɛ̃tʃ]
dossier (m)	oparcie (n)	[ɔ'partʃe]
tiroir (m)	szuflada (ż)	[ʃufʎada]

70. La literie

linge (m) de lit	pościel (ż)	['pɔɕtʃeʎ]
oreiller (m)	poduszka (ż)	[pɔ'duʃka]
taie (f) d'oreiller	poszewka (ż)	[pɔ'ʃɛfka]
couverture (f)	kołdra (ż)	['kɔwdra]
drap (m)	prześcieradło (n)	[pʃɛɕtʃe'radwɔ]
couvre-lit (m)	narzuta (ż)	[na'ʒuta]

71. La cuisine

cuisine (f)	kuchnia (ż)	['kuhɲa]
gaz (m)	gaz (m)	[gas]
cuisinière (f) à gaz	kuchenka (ż) gazowa	[ku'hɛŋka ga'zɔva]
cuisinière (f) électrique	kuchenka (ż) elektryczna	[ku'hɛŋka ɛlekt'ritʃna]
four (m)	piekarnik (m)	[pe'karnik]
four (m) micro-ondes	mikrofalówka (ż)	[mikrɔfa'lɨfka]

réfrigérateur (m)	lodówka (ż)	[lɔ'dufka]
congélateur (m)	zamrażarka (ż)	[zamra'ʒarka]
lave-vaisselle (m)	zmywarka (ż) do naczyń	[zmɨ'varka dɔ 'natʃɨɲ]

hachoir (m) à viande	maszynka (ż) do mięsa	[ma'ʃɨŋka dɔ 'mensa]
centrifugeuse (f)	sokowirówka (ż)	[sɔkɔvi'rufka]
grille-pain (m)	toster (m)	['tɔstɛr]
batteur (m)	mikser (m)	['miksɛr]

machine (f) à café	ekspres (m) do kawy	['ɛksprɛs dɔ 'kavɨ]
cafetière (f)	dzbanek (m) do kawy	['dzbanɛk dɔ 'kavɨ]
moulin (m) à café	młynek (m) do kawy	['mwɨnɛk dɔ 'kavɨ]

bouilloire (f)	czajnik (m)	['tʃajnik]
théière (f)	czajniczek (m)	[tʃaj'nitʃɛk]
couvercle (m)	pokrywka (ż)	[pɔk'rɨfka]

passoire (f) à thé	sitko (n)	['ɕitkɔ]
cuillère (f)	łyżka (z)	['wiʃka]
petite cuillère (f)	łyżeczka (z)	[wiˈʒɛtʃka]
cuillère (f) à soupe	łyżka (z) stołowa	['wiʃka stɔ'wɔva]
fourchette (f)	widelec (m)	[vi'dɛlɛts]
couteau (m)	nóż (m)	[nuʃ]

vaisselle (f)	naczynia (l.mn.)	[nat'ʃɨɲa]
assiette (f)	talerz (m)	['talɛʃ]
soucoupe (f)	spodek (m)	['spɔdɛk]

verre (m) à shot	kieliszek (m)	[ke'liʃɛk]
verre (m) (~ d'eau)	szklanka (z)	['ʃkʎaŋka]
tasse (f)	filiżanka (z)	[fili'ʒaŋka]

sucrier (m)	cukiernica (z)	[tsuker'nitsa]
salière (f)	solniczka (z)	[sɔʎ'nitʃka]
poivrière (f)	pieprzniczka (z)	[pepʃ'nitʃka]
beurrier (m)	maselniczka (z)	[masɛʎ'nitʃka]

casserole (f)	garnek (m)	['garnɛk]
poêle (f)	patelnia (z)	[pa'tɛʎɲa]
louche (f)	łyżka (z) wazowa	['wiʃka va'zɔva]
passoire (f)	durszlak (m)	['durʃʎak]
plateau (m)	taca (z)	['tatsa]

bouteille (f)	butelka (z)	[bu'tɛʎka]
bocal (m) (à conserves)	słoik (m)	['swɔik]
boîte (f) en fer-blanc	puszka (z)	['puʃka]

ouvre-bouteille (m)	otwieracz (m) do butelek	[ɔt'feratʃ dɛ bu'tɛlek]
ouvre-boîte (m)	otwieracz (m) do puszek	[ɔt'feratʃ dɛ 'puʃɛk]
tire-bouchon (m)	korkociąg (m)	[kɔr'kɔtʃɔ̃k]
filtre (m)	filtr (m)	[fiʎtr]
filtrer (vt)	filtrować	[fiʎt'rɔvatʃ]

| ordures (f pl) | odpadki (l.mn.) | [ɔt'patki] |
| poubelle (f) | kosz (m) na śmieci | [kɔʃ na 'ɕmetʃi] |

72. La salle de bains

salle (f) de bains	łazienka (z)	[wa'ʒeŋka]
eau (f)	woda (z)	['vɔda]
robinet (m)	kran (m)	[kran]
eau (f) chaude	gorąca woda (z)	[gɔ'rɔ̃tsa 'vɔda]
eau (f) froide	zimna woda (z)	['ʒimna 'vɔda]

dentifrice (m)	pasta (z) do zębów	['pasta dɔ 'zɛ̃buʃ]
se brosser les dents	myć zęby	[mɨtʃ 'zɛ̃bɨ]
se raser (vp)	golić się	['gɔlitʃ ɕɛ̃]

mousse (f) à raser	pianka (ż) do golenia	['pʲaŋka dɔ gɔ'lɛɲa]
rasoir (m)	maszynka (ż) do golenia	[ma'ʃɨŋka dɔ gɔ'lɛɲa]
laver (vt)	myć	[mɨʧ]
se laver (vp)	myć się	['mɨʧ ɕɛ̃]
douche (f)	prysznic (m)	['prɨʃnits]
prendre une douche	brać prysznic	[braʧ 'prɨʃnits]
baignoire (f)	wanna (ż)	['vaɲa]
cuvette (f)	sedes (m)	['sɛdɛs]
lavabo (m)	zlew (m)	[zlɛf]
savon (m)	mydło (n)	['mɨdwɔ]
porte-savon (m)	mydelniczka (ż)	[mɨdɛʎ'niʧka]
éponge (f)	gąbka (ż)	['gɔ̃pka]
shampooing (m)	szampon (m)	['ʃampɔn]
serviette (f)	ręcznik (m)	['rɛnʧɲik]
peignoir (m) de bain	szlafrok (m)	['ʃʎafrɔk]
lessive (f) (faire la ~)	pranie (n)	['prane]
machine (f) à laver	pralka (ż)	['praʎka]
faire la lessive	prać	[praʧ]
lessive (f) (poudre)	proszek (m) do prania	['prɔʃɛk dɔ 'praɲa]

73. Les appareils électroménagers

téléviseur (m)	telewizor (m)	[tɛle'vizɔr]
magnétophone (m)	magnetofon (m)	[magnɛ'tɔfɔn]
magnétoscope (m)	magnetowid (m)	[magnɛ'tɔvid]
radio (f)	odbiornik (m)	[ɔd'bɜrnik]
lecteur (m)	odtwarzacz (m)	[ɔtt'vaʒaʧ]
vidéoprojecteur (m)	projektor (m) wideo	[prɔ'ektɔr vi'dɛɔ]
home cinéma (m)	kino (n) domowe	['kinɔ dɔ'mɔvɛ]
lecteur DVD (m)	odtwarzacz DVD (m)	[ɔtt'vaʒaʧ di vi di]
amplificateur (m)	wzmacniacz (m)	['vzmatsɲaʧ]
console (f) de jeux	konsola (ż) do gier	[kɔn'sɔʎa dɔ ger]
caméscope (m)	kamera (ż) wideo	[ka'mɛra vi'dɛɔ]
appareil (m) photo	aparat (m) fotograficzny	[a'parat fɔtɔgra'fiʧɲɨ]
appareil (m) photo numérique	aparat (m) cyfrowy	[a'parat ʦɨf'rɔvɨ]
aspirateur (m)	odkurzacz (m)	[ɔt'kuʒaʧ]
fer (m) à repasser	żelazko (n)	[ʒɛ'ʎaskɔ]
planche (f) à repasser	deska (ż) do prasowania	['dɛska dɔ prasɔ'vaɲa]
téléphone (m)	telefon (m)	[tɛ'lefɔn]
portable (m)	telefon (m) komórkowy	[tɛ'lefɔn kɔmur'kɔvɨ]

machine (f) à écrire	**maszyna** (ż) **do pisania**	[ma'ʃina dɔ pi'saɲa]
machine (f) à coudre	**maszyna** (ż) **do szycia**	[ma'ʃina dɔ 'ʃitʃa]
micro (m)	**mikrofon** (m)	[mik'rɔfɔn]
écouteurs (m pl)	**słuchawki** (l.mn.)	[swu'hafki]
télécommande (f)	**pilot** (m)	['pilɔt]
CD (m)	**płyta CD** (ż)	['pwita si'di]
cassette (f)	**kaseta** (ż)	[ka'sɛta]
disque (m) (vinyle)	**płyta** (ż)	['pwita]

T&P BOOKS

LA TERRE. LE TEMPS

74. L'espace cosmique
75. La Terre
76. Les quatre parties du monde
77. Les océans et les mers
78. Les noms des mers et des océans
79. Les montagnes
80. Les noms des chaînes de montagne
81. Les fleuves
82. Les noms des fleuves
83. La forêt
84. Les ressources naturelles
85. Le temps
86. Les intempéries. Les catastrophes
    naturelles

T&P Books Publishing

cosmos (m)	kosmos (m)	['kɔsmɔs]
cosmique (adj)	kosmiczny	[kɔs'mitʃni]
espace (m) cosmique	przestrzeń (ż) kosmiczna	['pʃɛstʃɛɲ kɔs'mitʃna]
monde (m)	świat (m)	[ɕfʲat]
univers (m)	wszechświat (m)	['fʃɛhɕfʲat]
galaxie (f)	galaktyka (ż)	[ga'ʎaktika]

étoile (f)	gwiazda (ż)	['gvʲazda]
constellation (f)	gwiazdozbiór (m)	[gvʲaz'dɔzbyr]
planète (f)	planeta (ż)	[pʎa'nɛta]
satellite (m)	satelita (m)	[satɛ'lita]

météorite (m)	meteoryt (m)	[mɛtɛ'ɔrit]
comète (f)	kometa (ż)	[kɔ'mɛta]
astéroïde (m)	asteroida (ż)	[astɛrɔ'ida]

orbite (f)	orbita (ż)	[ɔr'bita]
tourner (vi)	obracać się	[ɔb'ratsatʃ ɕɛ̃]
atmosphère (f)	atmosfera (ż)	[atmɔs'fɛra]

Soleil (m)	Słońce (n)	['swɔɲtsɛ]
système (m) solaire	Układ (m) Słoneczny	['ukwad swɔ'nɛtʃni]
éclipse (f) de soleil	zaćmienie (n) słońca	[zatʃ'mene 'swɔɲtsa]

| Terre (f) | Ziemia (ż) | ['ʒemʲa] |
| Lune (f) | Księżyc (m) | ['kɕenʒits] |

Mars (m)	Mars (m)	[mars]
Vénus (f)	Wenus (ż)	['vɛnus]
Jupiter (m)	Jowisz (m)	[ɜviʃ]
Saturne (m)	Saturn (m)	['saturn]

Mercure (m)	Merkury (m)	[mɛr'kuri]
Uranus (m)	Uran (m)	['uran]
Neptune	Neptun (m)	['nɛptun]
Pluton (m)	Pluton (m)	['plytɔn]

la Voie Lactée	Droga (ż) Mleczna	['drɔga 'mletʃna]
la Grande Ours	Wielki Wóz (m)	['vɛʎki vus]
la Polaire	Gwiazda (ż) Polarna	['gvʲazda pɔ'ʎarna]

martien (m)	Marsjanin (m)	[marsʰʲjanin]
extraterrestre (m)	kosmita (m)	[kɔs'mita]
alien (m)	obcy (m)	['ɔbtsi]

soucoupe (f) volante	talerz (m) latający	['taleʃ ʎataðɨsi]
vaisseau (m) spatial	statek (m) kosmiczny	['statɛk kɔs'mitʃnɨ]
station (f) orbitale	stacja (z) kosmiczna	['statsʰja kɔs'mitʃna]
lancement (m)	start (m)	[start]

moteur (m)	silnik (m)	['ɕiʎnik]
tuyère (f)	dysza (z)	['dɨʃa]
carburant (m)	paliwo (n)	[pa'livɔ]

cabine (f)	kabina (z)	[ka'bina]
antenne (f)	antena (z)	[an'tɛna]
hublot (m)	iluminator (m)	[ilymi'natɔr]
batterie (f) solaire	bateria (z) słoneczna	[ba'tɛrʰja swɔ'nɛtʃna]
scaphandre (m)	skafander (m)	[ska'fandɛr]

| apesanteur (f) | nieważkość (z) | [ne'vaʃkɔɕtʃ] |
| oxygène (m) | tlen (m) | [tlen] |

| arrimage (m) | połączenie (n) | [pɔwɔt'ʃɛne] |
| s'arrimer à ... | łączyć się | ['wɔtʃitʃ ɕɛ̃] |

observatoire (m)	obserwatorium (n)	[ɔbsɛrva'tɔrʰjum]
télescope (m)	teleskop (m)	[tɛ'leskɔp]
observer (vt)	obserwować	[ɔbsɛr'vɔvatʃ]
explorer (un cosmos)	badać	['badatʃ]

75. La Terre

Terre (f)	Ziemia (z)	['ʒemʲa]
globe (m) terrestre	kula (z) ziemska	['kuʎa 'ʒemska]
planète (f)	planeta (z)	[pʎa'nɛta]

atmosphère (f)	atmosfera (z)	[atmɔs'fɛra]
géographie (f)	geografia (z)	[gɛɔg'rafʰja]
nature (f)	przyroda (z)	[pʃi'rɔda]

globe (m) de table	globus (m)	['glɔbus]
carte (f)	mapa (z)	['mapa]
atlas (m)	atlas (m)	['atʎas]

Europe (f)	Europa (z)	[ɛu'rɔpa]
Asie (f)	Azja (z)	['azʰja]
Afrique (f)	Afryka (z)	['afrika]
Australie (f)	Australia (z)	[aust'raʎja]

Amérique (f)	Ameryka (z)	[a'mɛrika]
Amérique (f) du Nord	Ameryka (z) Północna	[a'mɛrika puw'nɔtsna]
Amérique (f) du Sud	Ameryka (z) Południowa	[a'mɛrika pɔwud'nɔva]
l'Antarctique (m)	Antarktyda (z)	[antark'tida]
l'Arctique (m)	Arktyka (z)	['arktika]

76. Les quatre parties du monde

nord (m)	północ (ż)	['puwnɔts]
vers le nord	na północ	[na 'puwnɔts]
au nord	na północy	[na puw'nɔtsɨ]
du nord (adj)	północny	[puw'nɔtsnɨ]
sud (m)	południe (n)	[pɔ'wudne]
vers le sud	na południe	[na pɔ'wudne]
au sud	na południu	[na pɔ'wudny]
du sud (adj)	południowy	[pɔwud'nɔvɨ]
ouest (m)	zachód (m)	['zahut]
vers l'occident	na zachód	[na 'zahut]
à l'occident	na zachodzie	[na za'hɔdʒe]
occidental (adj)	zachodni	[za'hɔdni]
est (m)	wschód (m)	[fshut]
vers l'orient	na wschód	['na fshut]
à l'orient	na wschodzie	[na 'fshɔdʒe]
oriental (adj)	wschodni	['fshɔdni]

77. Les océans et les mers

mer (f)	morze (n)	['mɔʒɛ]
océan (m)	ocean (m)	[ɔ'tsɛan]
golfe (m)	zatoka (ż)	[za'tɔka]
détroit (m)	cieśnina (ż)	[tɕeɕ'nina]
terre (f) ferme	ląd (m)	[lɔ̃t]
continent (m)	kontynent (m)	[kɔn'tinɛnt]
île (f)	wyspa (ż)	['vɨspa]
presqu'île (f)	półwysep (m)	[puw'vɨsɛp]
archipel (m)	archipelag (m)	[arhi'pɛʎak]
baie (f)	zatoka (ż)	[za'tɔka]
port (m)	port (m)	[pɔrt]
lagune (f)	laguna (ż)	[ʎa'guna]
cap (m)	przylądek (m)	[pʃɨlɔ̃dɛk]
atoll (m)	atol (m)	['atɔʎ]
récif (m)	rafa (ż)	['rafa]
corail (m)	koral (m)	['kɔral]
récif (m) de corail	rafa (ż) koralowa	['rafa kɔra'lɔva]
profond (adj)	głęboki	[gwɛ̃'bɔki]
profondeur (f)	głębokość (ż)	[gwɛ̃'bɔkɔɕtʃ]
abîme (m)	otchłań (ż)	['ɔthwaɲ]
fosse (f) océanique	rów (m)	[ruf]

| courant (m) | prąd (m) | [prõt] |
| baigner (vt) (mer) | omywać | [ɔ'mɨvatʃ] |

| littoral (m) | brzeg (m) | [bʒɛk] |
| côte (f) | wybrzeże (n) | [vɨb'ʒɛʒe] |

marée (f) haute	przypływ (m)	['pʃɨpwif]
marée (f) basse	odpływ (m)	['ɔtpwif]
banc (m) de sable	mielizna (ż)	[me'lizna]
fond (m)	dno (n)	[dnɔ]

vague (f)	fala (ż)	['faʎa]
crête (f) de la vague	grzywa (ż) fali	['gʒɨva 'fali]
mousse (f)	piana (ż)	['pʲana]

tempête (f) en mer	burza (ż)	['buʒa]
ouragan (m)	huragan (m)	[hu'ragan]
tsunami (m)	tsunami (n)	[tsu'nami]
calme (m)	cisza (ż) morska	['tʃiʃa 'mɔrska]
calme (tranquille)	spokojny	[spɔ'kɔjnɨ]

| pôle (m) | biegun (m) | ['begun] |
| polaire (adj) | polarny | [pɔ'ʎarnɨ] |

latitude (f)	szerokość (ż)	[ʃɛ'rɔkɔɕtʃ]
longitude (f)	długość (ż)	['dwugɔɕtʃ]
parallèle (f)	równoleżnik (m)	[ruvnɔ'leʒnik]
équateur (m)	równik (m)	['ruvnik]

ciel (m)	niebo (n)	['nebɔ]
horizon (m)	horyzont (m)	[hɔ'rizɔnt]
air (m)	powietrze (n)	[pɔ'vetʃɛ]

phare (m)	latarnia (ż) morska	[ʎa'tarɲa 'mɔrska]
plonger (vi)	nurkować	[nur'kɔvatʃ]
sombrer (vi)	zatonąć	[za'tɔɲtʃ]
trésor (m)	skarby (l.mn.)	['skarbɨ]

78. Les noms des mers et des océans

océan (m) Atlantique	Ocean (m) Atlantycki	[ɔ'tsɛan atlan'tɨtski]
océan (m) Indien	Ocean (m) Indyjski	[ɔ'tsɛan in'dɨjski]
océan (m) Pacifique	Ocean (m) Spokojny	[ɔ'tsɛan spɔ'kɔjnɨ]
océan (m) Glacial	Ocean (m) Lodowaty Północny	[ɔ'tsɛan lɔdɔ'vatɨ puw'nɔtsnɨ]

mer (f) Noire	Morze (n) Czarne	['mɔʒɛ 'tʃarnɛ]
mer (f) Rouge	Morze (n) Czerwone	['mɔʒɛ tʃɛr'vɔnɛ]
mer (f) Jaune	Morze (n) Żółte	['mɔʒɛ 'ʒuwtɛ]
mer (f) Blanche	Morze (n) Białe	['mɔʒɛ 'bʲawɛ]

mer (f) Caspienne	Morze (n) Kaspijskie	['mɔʒɛ kas'pijske]
mer (f) Morte	Morze (n) Martwe	['mɔʒɛ 'martfɛ]
mer (f) Méditerranée	Morze (n) Śródziemne	['mɔʒɛ ɕry'dʑemnɛ]
mer (f) Égée	Morze (n) Egejskie	['mɔʒɛ ɛ'gejske]
mer (f) Adriatique	Morze (n) Adriatyckie	['mɔʒɛ adrʰja'titske]
mer (f) Arabique	Morze (n) Arabskie	['mɔʒɛ a'rabske]
mer (f) du Japon	Morze (n) Japońskie	['mɔʒɛ ja'pɔɲske]
mer (f) de Béring	Morze (n) Beringa	['mɔʒɛ bɛ'riɲa]
mer (f) de Chine Méridionale	Morze (n) Południowochińskie	['mɔʒɛ pɔwud'nɜvɔ 'hiɲske]
mer (f) de Corail	Morze (n) Koralowe	['mɔʒɛ kɔra'lɜvɛ]
mer (f) de Tasman	Morze (n) Tasmana	['mɔʒɛ tas'mana]
mer (f) Caraïbe	Morze (n) Karaibskie	['mɔʒɛ kara'ipske]
mer (f) de Barents	Morze (n) Barentsa	['mɔʒɛ ba'rɛntsa]
mer (f) de Kara	Morze (n) Karskie	['mɔʒɛ 'karske]
mer (f) du Nord	Morze (n) Północne	['mɔʒɛ puw'nɔtsnɛ]
mer (f) Baltique	Morze (n) Bałtyckie	['mɔʒɛ baw'titske]
mer (f) de Norvège	Morze (n) Norweskie	['mɔʒɛ nɔr'vɛske]

79. Les montagnes

montagne (f)	góra (ż)	['gura]
chaîne (f) de montagnes	łańcuch (m) górski	['waɲtsuh 'gurski]
crête (f)	grzbiet (m) górski	[gʒbet 'gurski]
sommet (m)	szczyt (m)	[ʃtʃit]
pic (m)	szczyt (m)	[ʃtʃit]
pied (m)	podnóże (n)	[pɔd'nuʒɛ]
pente (f)	zbocze (n)	['zbɔtʃɛ]
volcan (m)	wulkan (m)	['vuʎkan]
volcan (m) actif	czynny (m) wulkan	['tʃiɲi 'vuʎkan]
volcan (m) éteint	wygasły (m) wulkan	[vɨ'gaswɨ 'vuʎkan]
éruption (f)	wybuch (m)	['vibuh]
cratère (m)	krater (m)	['kratɛr]
magma (m)	magma (ż)	['magma]
lave (f)	lawa (ż)	['ʎava]
en fusion (lave ~)	rozżarzony	[rɔzʒa'ʒɔnɨ]
canyon (m)	kanion (m)	['kaɲjɔn]
défilé (m) (gorge)	wąwóz (m)	['võvus]
crevasse (f)	rozpadlina (m)	[rɔspad'lina]
col (m) de montagne	przełęcz (ż)	['pʃɛwɛ̃tʃ]
plateau (m)	płaskowyż (m)	[pwas'kɔviʃ]

| rocher (m) | skała (ż) | ['skawa] |
| colline (f) | wzgórze (ż) | ['vzguʒɛ] |

glacier (m)	lodowiec (m)	[lɔ'dɔvʲɛts]
chute (f) d'eau	wodospad (m)	[vɔ'dɔspat]
geyser (m)	gejzer (m)	['gɛjzɛr]
lac (m)	jezioro (m)	[e'ʒɑrɔ]

plaine (f)	równina (ż)	[ruv'nina]
paysage (m)	pejzaż (m)	['pɛjzaʃ]
écho (m)	echo (n)	['ɛhɔ]

alpiniste (m)	alpinista (m)	[aʎpi'nista]
varappeur (m)	wspinacz (m)	['fspinatʃ]
conquérir (vt)	pokonywać	[pɔkɔ'nivatʃ]
ascension (f)	wspinaczka (ż)	[fspi'natʃka]

80. Les noms des chaînes de montagne

Alpes (f pl)	Alpy (l.mn.)	['aʎpi]
Mont Blanc (m)	Mont Blanc (m)	[mɔn blan]
Pyrénées (f pl)	Pireneje (l.mn.)	[pirɛ'nɛe]

Carpates (f pl)	Karpaty (l.mn.)	[kar'pati]
Monts Oural (m pl)	Góry Uralskie (l.mn.)	['gurɨ u'raʎske]
Caucase (m)	Kaukaz (m)	['kaukas]
Elbrous (m)	Elbrus (m)	['ɛʎbrus]

Altaï (m)	Ałtaj (m)	['awtaj]
Pamir (m)	Pamir (m)	['pamir]
Himalaya (m)	Himalaje (l.mn.)	[hima'lae]
Everest (m)	Mont Everest (m)	[mɔnt ɛ'vɛrɛst]

| Andes (f pl) | Andy (l.mn.) | ['andɨ] |
| Kilimandjaro (m) | Kilimandżaro (ż) | [kiliman'dʒarɔ] |

81. Les fleuves

rivière (f), fleuve (m)	rzeka (m)	['ʒɛka]
source (f)	źródło (n)	['ʑrudwɔ]
lit (m) (d'une rivière)	koryto (n)	[kɔ'ritɔ]
bassin (m)	dorzecze (n)	[dɔ'ʒɛtʃɛ]
se jeter dans ...	wpadać	['fpadatʃ]

affluent (m)	dopływ (m)	['dɔpwif]
rive (f)	brzeg (m)	[bʒɛk]
courant (m)	prąd (m)	[prɔ̃t]
en aval	z prądem	[s 'prɔ̃dɛm]

en amont	pod prąd	[pɔt prɔ̃t]
inondation (f)	powódź (ż)	['pɔvutʃ]
les grandes crues	wylew (m) rzeki	['vilef 'ʒɛki]
déborder (vt)	rozlewać się	[rɔz'levatʃ ɕɛ̃]
inonder (vt)	zatapiać	[za'tapʲatʃ]

| bas-fond (m) | mielizna (ż) | [me'lizna] |
| rapide (m) | próg (m) | [pruk] |

barrage (m)	tama (ż)	['tama]
canal (m)	kanał (m)	['kanaw]
lac (m) de barrage	zbiornik (m) wodny	['zbɜrnik 'vɔdni]
écluse (f)	śluza (ż)	['ɕlyza]

plan (m) d'eau	zbiornik (m) wodny	['zbɜrnik 'vɔdni]
marais (m)	bagno (n)	['bagnɔ]
fondrière (f)	grzęzawisko (n)	[gʒɛ̃za'viskɔ]
tourbillon (m)	wir (m) wodny	[vir 'vɔdni]

ruisseau (m)	potok (m)	['pɔtɔk]
potable (adj)	pitny	['pitni]
douce (l'eau ~)	słodki	['swɔtki]

| glace (f) | lód (m) | [lyt] |
| être gelé | zamarznąć | [za'marznɔ̃tʃ] |

82. Les noms des fleuves

| Seine (f) | Sekwana (ż) | [sɛk'fana] |
| Loire (f) | Loara (ż) | [lɜ'ara] |

Tamise (f)	Tamiza (ż)	[ta'miza]
Rhin (m)	Ren (m)	[rɛn]
Danube (m)	Dunaj (m)	['dunaj]

Volga (f)	Wołga (ż)	['vɔwga]
Don (m)	Don (m)	[dɔn]
Lena (f)	Lena (ż)	['lena]

Huang He (m)	Huang He (ż)	[hu'aŋ hɛ]
Yangzi Jiang (m)	Jangcy (ż)	['jaŋtsi]
Mékong (m)	Mekong (m)	['mɛkɔŋ]
Gange (m)	Ganges (m)	['gaŋɛs]

Nil (m)	Nil (m)	[niʎ]
Congo (m)	Kongo (ż)	['kɔŋɔ]
Okavango (m)	Okawango (ż)	[ɔka'vaŋɔ]
Zambèze (m)	Zambezi (ż)	[zam'bɛzi]
Limpopo (m)	Limpopo (ż)	[lim'pɔpɔ]
Mississippi (m)	Mississipi (ż)	[missis'sipi]

83. La forêt

forêt (f)	las (m)	[ʎas]
forestier (adj)	leśny	['leɕni]
fourré (m)	gąszcz (ż)	[gɔ̃ʃʧ]
bosquet (m)	gaj (m), lasek (m)	[gaj], ['ʎasɛk]
clairière (f)	polana (ż)	[pɔ'ʎana]
broussailles (f pl)	zarośla (l.mn.)	[za'rɔɕʎa]
taillis (m)	krzaki (l.mn.)	['kʃaki]
sentier (m)	ścieżka (ż)	['ɕʨeʃka]
ravin (m)	wąwóz (m)	['vɔ̃vus]
arbre (m)	drzewo (n)	['dʒɛvɔ]
feuille (f)	liść (m)	[liɕʨ]
feuillage (m)	listowie (n)	[lis'tɔve]
chute (f) de feuilles	opadanie (n) liści	[ɔpa'dane 'liɕʨi]
tomber (feuilles)	opadać	[ɔ'padaʨ]
sommet (m)	wierzchołek (m)	[veʃ'hɔwɛk]
rameau (m)	gałąź (ż)	['gawɔ̃ɕ]
branche (f)	sęk (m)	[sɛ̃k]
bourgeon (m)	pączek (m)	['pɔ̃ʧɛk]
aiguille (f)	igła (ż)	['igwa]
pomme (f) de pin	szyszka (ż)	['ʃiʃka]
creux (m)	dziupla (ż)	['dʑypʎa]
nid (m)	gniazdo (n)	['gɲazdɔ]
terrier (m) (~ d'un renard)	nora (ż)	['nɔra]
tronc (m)	pień (m)	[peɲ]
racine (f)	korzeń (m)	['kɔʒɛɲ]
écorce (f)	kora (ż)	['kɔra]
mousse (f)	mech (m)	[mɛh]
déraciner (vt)	karczować	[kart'ʃɔvaʧ]
abattre (un arbre)	ścinać	['ɕʨinaʧ]
déboiser (vt)	wycinać	[vi'ʧinaʧ]
souche (f)	pieniek (m)	['penek]
feu (m) de bois	ognisko (n)	[ɔg'niskɔ]
incendie (m)	pożar (m)	['pɔʒar]
éteindre (feu)	gasić	['gaɕiʧ]
garde (m) forestier	leśnik (m)	['leɕnik]
protection (f)	ochrona (ż)	[ɔh'rɔna]
protéger (vt)	chronić	['hrɔniʧ]
braconnier (m)	kłusownik (m)	[kwu'sɔvnik]

piège (m) à mâchoires	**potrzask** (m)	['pɔtʃask]
cueillir (vt)	**zbierać**	['zbɛratʃ]
s'égarer (vp)	**zabłądzić**	[zab'wɔ̃dʒitʃ]

84. Les ressources naturelles

ressources (f pl) naturelles	**zasoby** (l.mn.) **naturalne**	[za'sɔbɨ natu'ralnɛ]
minéraux (m pl)	**kopaliny** (l.mn.) **użyteczne**	[kɔpa'linɨ uʒɨ'tɛtʃnɛ]
gisement (m)	**złoża** (l.mn.)	['zwɔʒa]
champ (m) (~ pétrolifère)	**złoże** (n)	['zwɔʒɛ]
extraire (vt)	**wydobywać**	[vɨdɔ'bɨvatʃ]
extraction (f)	**wydobywanie** (n)	[vɨdɔbɨ'vanɛ]
minerai (m)	**ruda** (ż)	['ruda]
mine (f) (site)	**kopalnia** (ż) **rudy**	[kɔ'palɲa 'rudɨ]
puits (m) de mine	**szyb** (m)	[ʃɨb]
mineur (m)	**górnik** (m)	['gurnik]
gaz (m)	**gaz** (m)	[gas]
gazoduc (m)	**gazociąg** (m)	[ga'zɔtʃɔ̃k]
pétrole (m)	**ropa** (ż) **naftowa**	['rɔpa naf'tɔva]
pipeline (m)	**rurociąg** (m)	[ru'rɔtʃɔ̃k]
tour (f) de forage	**szyb** (m) **naftowy**	[ʃɨp naf'tɔvɨ]
derrick (m)	**wieża** (ż) **wiertnicza**	['vɛʒa vert'nitʃa]
pétrolier (m)	**tankowiec** (m)	[ta'ŋkɔvets]
sable (m)	**piasek** (m)	['pʲasɛk]
calcaire (m)	**wapień** (m)	['vapɛɲ]
gravier (m)	**żwir** (m)	[ʒvir]
tourbe (f)	**torf** (m)	[tɔrf]
argile (f)	**glina** (ż)	['glina]
charbon (m)	**węgiel** (m)	['vɛŋɛʎ]
fer (m)	**żelazo** (n)	[ʒɛ'ʎazɔ]
or (m)	**złoto** (n)	['zwɔtɔ]
argent (m)	**srebro** (n)	['srɛbrɔ]
nickel (m)	**nikiel** (n)	['nikɛʎ]
cuivre (m)	**miedź** (ż)	[mɛtʃ]
zinc (m)	**cynk** (m)	[tsɨŋk]
manganèse (m)	**mangan** (m)	['maŋan]
mercure (m)	**rtęć** (ż)	[rtɛ̃tʃ]
plomb (m)	**ołów** (m)	['ɔwuf]
minéral (m)	**minerał** (m)	[mi'nɛraw]
cristal (m)	**kryształ** (m)	['krɨʃtaw]
marbre (m)	**marmur** (m)	['marmur]
uranium (m)	**uran** (m)	['uran]

85. Le temps

temps (m)	pogoda (ż)	[pɔ'gɔda]
météo (f)	prognoza (ż) pogody	[prɔg'nɔza pɔ'gɔdɨ]
température (f)	temperatura (ż)	[tɛmpɛra'tura]
thermomètre (m)	termometr (m)	[tɛr'mɔmɛtr]
baromètre (m)	barometr (m)	[ba'rɔmɛtr]
humidité (f)	wilgoć (ż)	['viʎgɔtʃ]
chaleur (f) (canicule)	żar (m)	[ʒar]
torride (adj)	upalny, gorący	[u'palnɨ], [gɔ'rɔ̃tsɨ]
il fait très chaud	gorąco	[gɔ'rɔ̃tsɔ]
il fait chaud	ciepło	['tʃepwɔ]
chaud (modérément)	ciepły	['tʃepwɨ]
il fait froid	zimno	['ʒimnɔ]
froid (adj)	zimny	['ʒimnɨ]
soleil (m)	słońce (n)	['swɔɲtsɛ]
briller (soleil)	świecić	['ɕfetʃitʃ]
ensoleillé (jour ~)	słoneczny	[swɔ'nɛtʃnɨ]
se lever (vp)	wzejść	[vzɛjɕtʃ]
se coucher (vp)	zajść	[zajɕtʃ]
nuage (m)	obłok (m)	['ɔbwɔk]
nuageux (adj)	zachmurzony	[zahmu'ʒɔnɨ]
nuée (f)	chmura (ż)	['hmura]
sombre (adj)	pochmurny	[pɔh'murnɨ]
pluie (f)	deszcz (m)	[dɛʃtʃ]
il pleut	pada deszcz	['pada dɛʃtʃ]
pluvieux (adj)	deszczowy	[dɛʃt'ʃɔvɨ]
bruiner (v imp)	mżyć	[mʒɨtʃ]
pluie (f) torrentielle	ulewny deszcz (m)	[u'levnɨ dɛʃtʃ]
averse (f)	ulewa (ż)	[u'leva]
forte (la pluie ~)	silny	['ɕiʎnɨ]
flaque (f)	kałuża (ż)	[ka'wuʒa]
se faire mouiller	moknąć	['mɔknɔ̃tʃ]
brouillard (m)	mgła (ż)	[mgwa]
brumeux (adj)	mglisty	['mglistɨ]
neige (f)	śnieg (m)	[ɕnek]
il neige	pada śnieg	['pada ɕnek]

86. Les intempéries. Les catastrophes naturelles

orage (m)	burza (ż)	['buʒa]
éclair (m)	błyskawica (ż)	[bwɨska'vitsa]

éclater (foudre)	**błyskać**	['bwiskatʃ]
tonnerre (m)	**grzmot** (m)	[gʒmɔt]
gronder (tonnerre)	**grzmieć**	[gʒmetʃ]
le tonnerre gronde	**grzmi**	[gʒmi]
grêle (f)	**grad** (m)	[grat]
il grêle	**pada grad**	['pada grat]
inonder (vt)	**zatopić**	[za'tɔpitʃ]
inondation (f)	**powódź** (ż)	['pɔvutʃ]
tremblement (m) de terre	**trzęsienie** (n) **ziemi**	[tʃɛ̃'ɕene 'ʒemi]
secousse (f)	**wstrząs** (m)	[fstʃɔ̃s]
épicentre (m)	**epicentrum** (n)	[ɛpi'tsɛntrum]
éruption (f)	**wybuch** (m)	['vibuh]
lave (f)	**lawa** (ż)	['ʎava]
tourbillon (m)	**trąba** (ż) **powietrzna**	['trɔ̃ba pɔ'vetʃna]
tornade (f)	**tornado** (n)	[tɔr'nadɔ]
typhon (m)	**tajfun** (m)	['tajfun]
ouragan (m)	**huragan** (m)	[hu'ragan]
tempête (f)	**burza** (ż)	['buʒa]
tsunami (m)	**tsunami** (n)	[tsu'nami]
cyclone (m)	**cyklon** (m)	['tsiklɔn]
intempéries (f pl)	**niepogoda** (ż)	[nepɔ'gɔda]
incendie (m)	**pożar** (m)	['pɔʒar]
catastrophe (f)	**katastrofa** (ż)	[katast'rɔfa]
météorite (m)	**meteoryt** (m)	[mɛtɛ'ɔrit]
avalanche (f)	**lawina** (ż)	[ʎa'vina]
éboulement (m)	**lawina** (ż)	[ʎa'vina]
blizzard (m)	**zamieć** (ż)	['zametʃ]
tempête (f) de neige	**śnieżyca** (ż)	[ɕne'ʒitsa]

T&P BOOKS

LA FAUNE

87. Les mammifères. Les prédateurs
88. Les animaux sauvages
89. Les animaux domestiques
90. Les oiseaux
91. Les poissons. Les animaux marins
92. Les amphibiens. Les reptiles
93. Les insectes

T&P Books Publishing

prédateur (m)	**drapieżnik** (m)	[dra'peʒnik]
tigre (m)	**tygrys** (m)	['tigris]
lion (m)	**lew** (m)	[lef]
loup (m)	**wilk** (m)	[viʎk]
renard (m)	**lis** (m)	[lis]
jaguar (m)	**jaguar** (m)	[ja'guar]
léopard (m)	**lampart** (m)	['ʎampart]
guépard (m)	**gepard** (m)	['gɛpart]
panthère (f)	**pantera** (ż)	[pan'tɛra]
puma (m)	**puma** (ż)	['puma]
léopard (m) de neiges	**irbis** (m)	['irbis]
lynx (m)	**ryś** (m)	[riɕ]
coyote (m)	**kojot** (m)	['kɔst]
chacal (m)	**szakal** (m)	['ʃakaʎ]
hyène (f)	**hiena** (ż)	['hʰena]

animal (m)	**zwierzę** (n)	['zveʒɛ̃]
bête (f)	**dzikie zwierzę** (n)	['dʑike 'zveʒɛ̃]
écureuil (m)	**wiewiórka** (ż)	[ve'vyrka]
hérisson (m)	**jeż** (m)	[eʃ]
lièvre (m)	**zając** (m)	['zaɕts]
lapin (m)	**królik** (m)	['krulik]
blaireau (m)	**borsuk** (m)	['bɔrsuk]
raton (m)	**szop** (m)	[ʃɔp]
hamster (m)	**chomik** (m)	['hɔmik]
marmotte (f)	**świstak** (m)	['ɕfistak]
taupe (f)	**kret** (m)	[krɛt]
souris (f)	**mysz** (ż)	[miʃ]
rat (m)	**szczur** (m)	[ʃtʃur]
chauve-souris (f)	**nietoperz** (m)	[ne'tɔpɛʃ]
hermine (f)	**gronostaj** (m)	[grɔ'nɔstaj]
zibeline (f)	**soból** (m)	['sɔbuʎ]
martre (f)	**kuna** (ż)	['kuna]

belette (f)	łasica (ż)	[wa'ɕitsa]
vison (m)	norka (ż)	['nɔrka]
castor (m)	bóbr (m)	[bubr]
loutre (f)	wydra (ż)	['vidra]
cheval (m)	koń (m)	[kɔɲ]
élan (m)	łoś (m)	[wɔɕ]
cerf (m)	jeleń (m)	['eleɲ]
chameau (m)	wielbłąd (m)	['veʎbwɔ̃t]
bison (m)	bizon (m)	['bizɔn]
aurochs (m)	żubr (m)	[ʒubr]
buffle (m)	bawół (m)	['bavuw]
zèbre (m)	zebra (ż)	['zɛbra]
antilope (f)	antylopa (ż)	[anti'lɔpa]
chevreuil (m)	sarna (ż)	['sarna]
biche (f)	łania (ż)	['waɲa]
chamois (m)	kozica (ż)	[kɔ'ʒitsa]
sanglier (m)	dzik (m)	[dʒik]
baleine (f)	wieloryb (m)	[ve'lɔrip]
phoque (m)	foka (ż)	['fɔka]
morse (m)	mors (m)	[mɔrs]
ours (m) de mer	kot (m) morski	[kɔt 'mɔrski]
dauphin (m)	delfin (m)	['dɛʎfin]
ours (m)	niedźwiedź (m)	['nedʒ'ivetʃ]
ours (m) blanc	niedźwiedź (m) polarny	['nedʒ'ivetʃ pɔ'ʎarni]
panda (m)	panda (ż)	['panda]
singe (m)	małpa (ż)	['mawpa]
chimpanzé (m)	szympans (m)	['ʃimpans]
orang-outang (m)	orangutan (m)	[ɔra'ŋutan]
gorille (m)	goryl (m)	['gɔriʎ]
macaque (m)	makak (m)	['makak]
gibbon (m)	gibon (m)	['gibɔn]
éléphant (m)	słoń (m)	['swɔɲ]
rhinocéros (m)	nosorożec (m)	[nɔsɔ'rɔʒɛts]
girafe (f)	żyrafa (ż)	[ʒi'rafa]
hippopotame (m)	hipopotam (m)	[hipɔ'pɔtam]
kangourou (m)	kangur (m)	['kaŋur]
koala (m)	koala (ż)	[kɔ'aʎa]
mangouste (f)	mangusta (ż)	[ma'ŋusta]
chinchilla (m)	szynszyla (ż)	[ʃin'ʃiʎa]
mouffette (f)	skunks (m)	[skuŋks]
porc-épic (m)	jeżozwierz (m)	[e'ʒɔzveʃ]

89. Les animaux domestiques

chat (m) (femelle)	kotka (ż)	['kɔtka]
chat (m) (mâle)	kot (m)	[kɔt]
chien (m)	pies (m)	[pes]
cheval (m)	koń (m)	[kɔɲ]
étalon (m)	źrebak (m), ogier (m)	['zˈ rɛbak], ['ɔgjer]
jument (f)	klacz (ż)	[kʎatʃ]
vache (f)	krowa (ż)	['krɔva]
taureau (m)	byk (m)	[bɨk]
bœuf (m)	wół (m)	[vuw]
brebis (f)	owca (ż)	['ɔftsa]
mouton (m)	baran (m)	['baran]
chèvre (f)	koza (ż)	['kɔza]
bouc (m)	kozioł (m)	['kɔʑɜw]
âne (m)	osioł (m)	['ɔɕɜw]
mulet (m)	muł (m)	[muw]
cochon (m)	świnia (ż)	['ɕfiɲa]
pourceau (m)	prosiak (m)	['prɔɕak]
lapin (m)	królik (m)	['krulik]
poule (f)	kura (ż)	['kura]
coq (m)	kogut (m)	['kɔgut]
canard (m)	kaczka (ż)	['katʃka]
canard (m) mâle	kaczor (m)	['katʃɔr]
oie (f)	gęś (ż)	[gɛ̃ɕ]
dindon (m)	indyk (m)	['indɨk]
dinde (f)	indyczka (ż)	[in'dɨtʃka]
animaux (m pl) domestiques	zwierzęta (l.mn.) domowe	[zve'ʒɛnta dɔ'mɔvɛ]
apprivoisé (adj)	oswojony	[ɔsfɔɔnɨ]
apprivoiser (vt)	oswajać	[ɔs'fajatʃ]
élever (vt)	hodować	[hɔ'dɔvatʃ]
ferme (f)	ferma (ż)	['fɛrma]
volaille (f)	drób (m)	[drup]
bétail (m)	bydło (n)	['bɨdwɔ]
troupeau (m)	stado (n)	['stadɔ]
écurie (f)	stajnia (ż)	['stajɲa]
porcherie (f)	chlew (m)	[hlef]
vacherie (f)	obora (ż)	[ɔ'bɔra]
cabane (f) à lapins	klatka (ż) dla królików	['klatka dʎa krɔ'likɔf]
poulailler (m)	kurnik (m)	['kurnik]

90. Les oiseaux

oiseau (m)	ptak (m)	[ptak]
pigeon (m)	gołąb (m)	['gɔwɔ̃p]
moineau (m)	wróbel (m)	['vrubɛʎ]
mésange (f)	sikorka (ż)	[ɕi'kɔrka]
pie (f)	sroka (ż)	['srɔka]
corbeau (m)	kruk (m)	[kruk]
corneille (f)	wrona (ż)	['vrɔna]
choucas (m)	kawka (ż)	['kafka]
freux (m)	gawron (m)	['gavrɔn]
canard (m)	kaczka (ż)	['katʃka]
oie (f)	gęś (ż)	[gɛ̃ɕ]
faisan (m)	bażant (m)	['baʒant]
aigle (m)	orzeł (m)	['ɔʒɛw]
épervier (m)	jastrząb (m)	['jastʃɔ̃p]
faucon (m)	sokół (m)	['sɔkuw]
vautour (m)	sęp (m)	[sɛ̃p]
condor (m)	kondor (m)	['kɔndɔr]
cygne (m)	łabędź (m)	['wabɛ̃tɕ]
grue (f)	żuraw (m)	['ʒuraf]
cigogne (f)	bocian (m)	['bɔtɕʲan]
perroquet (m)	papuga (ż)	[pa'puga]
colibri (m)	koliber (m)	[kɔ'libɛr]
paon (m)	paw (m)	[paf]
autruche (f)	struś (m)	[struɕ]
héron (m)	czapla (ż)	['tʃapʎa]
flamant (m)	flaming (m)	['fʎamiŋ]
pélican (m)	pelikan (m)	[pɛ'likan]
rossignol (m)	słowik (m)	['swɔvik]
hirondelle (f)	jaskółka (ż)	[jas'kuwka]
merle (m)	drozd (m)	[drɔst]
grive (f)	drozd śpiewak (m)	[drɔst 'ɕpevak]
merle (m) noir	kos (m)	[kɔs]
martinet (m)	jerzyk (m)	['eʒik]
alouette (f) des champs	skowronek (m)	[skɔv'rɔnɛk]
caille (f)	przepiórka (ż)	[pʃɛ'pyrka]
pivert (m)	dzięcioł (m)	['dʑɛ̃tɕow]
coucou (m)	kukułka (ż)	[ku'kuwka]
chouette (f)	sowa (ż)	['sɔva]
hibou (m)	puchacz (m)	['puhatʃ]

tétras (m)	głuszec (m)	['gwuʃɛts]
tétras-lyre (m)	cietrzew (m)	['t͡ɕet͡ʃɛf]
perdrix (f)	kuropatwa (ż)	[kurɔ'patfa]

étourneau (m)	szpak (m)	[ʃpak]
canari (m)	kanarek (m)	[ka'narɛk]
gélinotte (f) des bois	jarząbek (m)	[ja'ʒɔ̃bɛk]
pinson (m)	zięba (ż)	['ʒɛ̃ba]
bouvreuil (m)	gil (m)	[giʎ]

mouette (f)	mewa (ż)	['mɛva]
albatros (m)	albatros (m)	[aʎ'batrɔs]
pingouin (m)	pingwin (m)	['piŋvin]

91. Les poissons. Les animaux marins

brème (f)	leszcz (m)	[leʃt͡ʃ]
carpe (f)	karp (m)	[karp]
perche (f)	okoń (m)	['ɔkɔɲ]
silure (m)	sum (m)	[sum]
brochet (m)	szczupak (m)	['ʃt͡ʃupak]

saumon (m)	łosoś (m)	['wɔsɔɕ]
esturgeon (m)	jesiotr (m)	['eɕɜtr]

hareng (m)	śledź (m)	[ɕlet͡ɕ]
saumon (m) atlantique	łosoś (m)	['wɔsɔɕ]
maquereau (m)	makrela (ż)	[mak'rɛla]
flet (m)	flądra (ż)	[flɔ̃dra]

sandre (f)	sandacz (m)	['sandat͡ʃ]
morue (f)	dorsz (m)	[dɔrʃ]
thon (m)	tuńczyk (m)	['tuɲt͡ʃik]
truite (f)	pstrąg (m)	[pstrɔ̃k]

anguille (f)	węgorz (m)	['vɛŋɔʃ]
torpille (f)	drętwa (ż)	['drɛntfa]
murène (f)	murena (ż)	[mu'rɛna]
piranha (m)	pirania (ż)	[pi'raɲja]

requin (m)	rekin (m)	['rɛkin]
dauphin (m)	delfin (m)	['dɛʎfin]
baleine (f)	wieloryb (m)	[ve'lɜrip]

crabe (m)	krab (m)	[krap]
méduse (f)	meduza (ż)	[mɛ'duza]
pieuvre (f), poulpe (m)	ośmiornica (ż)	[ɔɕmɜr'nitsa]

étoile (f) de mer	rozgwiazda (ż)	[rɔzg'vʲazda]
oursin (m)	jeżowiec (m)	[e'ʒɔveʦ]

hippocampe (m)	konik (m) morski	['kɔnik 'mɔrski]
huître (f)	ostryga (ż)	[ɔst'riga]
crevette (f)	krewetka (ż)	[krɛ'vɛtka]
homard (m)	homar (m)	['hɔmar]
langoustine (f)	langusta (ż)	[ʎa'ŋusta]

92. Les amphibiens. Les reptiles

serpent (m)	wąż (m)	[võʃ]
venimeux (adj)	jadowity	[jadɔ'viti]
vipère (f)	żmija (ż)	['ʒmija]
cobra (m)	kobra (ż)	['kɔbra]
python (m)	pyton (m)	['pɨtɔn]
boa (m)	wąż dusiciel (m)	[võʒ du'ɕitʃeʎ]
couleuvre (f)	zaskroniec (m)	[zask'rɔnets]
serpent (m) à sonnettes	grzechotnik (m)	[gʒɛ'hɔtnik]
anaconda (m)	anakonda (ż)	[ana'kɔnda]
lézard (m)	jaszczurka (ż)	[jaʃt'ʃurka]
iguane (m)	legwan (m)	['legvan]
varan (m)	waran (m)	['varan]
salamandre (f)	salamandra (ż)	[saʎa'mandra]
caméléon (m)	kameleon (m)	[kamɛ'leɔn]
scorpion (m)	skorpion (m)	['skɔrpʰɜn]
tortue (f)	żółw (m)	[ʒuwf]
grenouille (f)	żaba (ż)	['ʒaba]
crapaud (m)	ropucha (ż)	[rɔ'puha]
crocodile (m)	krokodyl (m)	[krɔ'kɔdɨʎ]

93. Les insectes

insecte (m)	owad (m)	['ɔvat]
papillon (m)	motyl (m)	['mɔtɨʎ]
fourmi (f)	mrówka (ż)	['mrufka]
mouche (f)	mucha (ż)	['muha]
moustique (m)	komar (m)	['kɔmar]
scarabée (m)	żuk (m), chrząszcz (m)	[ʒuk], [hʃõʃtʃ]
guêpe (f)	osa (ż)	['ɔsa]
abeille (f)	pszczoła (ż)	['pʃtʃɔwa]
bourdon (m)	trzmiel (m)	[tʃmeʎ]
œstre (m)	giez (m)	[ges]
araignée (f)	pająk (m)	['paõk]
toile (f) d'araignée	pajęczyna (ż)	[paɛ̃t'ʃina]

libellule (f)	ważka (ż)	['vaʃka]
sauterelle (f)	konik (m) polny	['kɔnik 'pɔʎni]
papillon (m)	omacnica (ż)	[ɔmaʦ'niʦa]
cafard (m)	karaluch (m)	[ka'ralyh]
tique (f)	kleszcz (m)	[kleʃʧ]
puce (f)	pchła (ż)	[phwa]
moucheron (m)	meszka (ż)	['mɛʃka]
criquet (m)	szarańcza (ż)	[ʃa'raɲʧa]
escargot (m)	ślimak (m)	['ɕlimak]
grillon (m)	świerszcz (m)	[ɕferʃʧ]
luciole (f)	robaczek (m) świętojański	[rɔ'baʧɛk ɕfɛ̃tɔ'jaɲski]
coccinelle (f)	biedronka (ż)	[bed'rɔŋka]
hanneton (m)	chrabąszcz (m) majowy	['hrabɔ̃ʃʧ maʒvi]
sangsue (f)	pijawka (ż)	[pi'jafka]
chenille (f)	gąsienica (ż)	[gɔ̃ɕe'niʦa]
ver (m)	robak (m)	['rɔbak]
larve (f)	poczwarka (ż)	[pɔʧ'farka]

T&P BOOKS

LA FLORE

94. Les arbres
95. Les arbustes
96. Les fruits. Les baies
97. Les fleurs. Les plantes
98. Les céréales

T&P Books Publishing

arbre (m)	drzewo (n)	['dʒɛvɔ]
à feuilles caduques	liściaste	[liɕ'tʃastɛ]
conifère (adj)	iglaste	[ig'ʎastɛ]
à feuilles persistantes	wiecznie zielony	[vetʃnɛʒɛ'lɔnɨ]
pommier (m)	jabłoń (ż)	['jabwɔɲ]
poirier (m)	grusza (ż)	['gruʃa]
merisier (m)	czereśnia (ż)	[tʃɛ'rɛɕɲa]
cerisier (m)	wiśnia (ż)	['viɕɲa]
prunier (m)	śliwa (ż)	['ɕliva]
bouleau (m)	brzoza (ż)	['bʒɔza]
chêne (m)	dąb (m)	[dɔ̃p]
tilleul (m)	lipa (ż)	['lipa]
tremble (m)	osika (ż)	[ɔ'ɕika]
érable (m)	klon (m)	['klɔn]
épicéa (m)	świerk (m)	['ɕferk]
pin (m)	sosna (ż)	['sɔsna]
mélèze (m)	modrzew (m)	['mɔdʒɛf]
sapin (m)	jodła (ż)	[ʒdwa]
cèdre (m)	cedr (m)	[tsɛdr]
peuplier (m)	topola (ż)	[tɔ'pɔʎa]
sorbier (m)	jarzębina (ż)	[jaʒɛ̃'bina]
saule (m)	wierzba iwa (ż)	['vɛʒba 'iva]
aune (m)	olcha (ż)	['ɔʎha]
hêtre (m)	buk (m)	[buk]
orme (m)	wiąz (m)	[vɔ̃z]
frêne (m)	jesion (m)	['eɕɔn]
marronnier (m)	kasztan (m)	['kaʃtan]
magnolia (m)	magnolia (ż)	[mag'nɔʎja]
palmier (m)	palma (ż)	['paʎma]
cyprès (m)	cyprys (m)	['tsɨpris]
palétuvier (m)	drzewo (n) mangrowe	['dʒɛvɔ maɲ'rɔvɛ]
baobab (m)	baobab (m)	[ba'ɔbap]
eucalyptus (m)	eukaliptus (m)	[ɛuka'liptus]
séquoia (m)	sekwoja (ż)	[sɛk'fɔja]

95. Les arbustes

buisson (m)	krzew (m)	[kʃɛf]
arbrisseau (m)	krzaki (l.mn.)	['kʃaki]
vigne (f)	winorośl (ż)	[vi'nɔrɔɕʎ]
vigne (f) (vignoble)	winnica (ż)	[vi'ɲitsa]
framboise (f)	malina (ż)	[ma'lina]
groseille (f) rouge	porzeczka (ż) czerwona	[pɔ'ʒɛtʃka tʃɛr'vɔna]
groseille (f) verte	agrest (m)	['agrɛst]
acacia (m)	akacja (ż)	[a'katsʰja]
berbéris (m)	berberys (m)	[bɛr'bɛris]
jasmin (m)	jaśmin (m)	['jaɕmin]
genévrier (m)	jałowiec (m)	[ja'wɔvets]
rosier (m)	róża (ż)	['ruʒa]
églantier (m)	dzika róża (ż)	['dʑika 'ruʒa]

96. Les fruits. Les baies

fruit (m)	owoc (m)	['ɔvɔts]
fruits (m pl)	owoce (l.mn.)	[ɔ'vɔtsɛ]
pomme (f)	jabłko (n)	['jabkɔ]
poire (f)	gruszka (ż)	['gruʃka]
prune (f)	śliwka (ż)	['ɕlifka]
fraise (f)	truskawka (ż)	[trus'kafka]
cerise (f)	wiśnia (ż)	['viɕɲa]
merise (f)	czereśnia (ż)	[tʃɛ'rɛɕɲa]
raisin (m)	winogrona (l.mn.)	[vinɔg'rɔna]
framboise (f)	malina (ż)	[ma'lina]
cassis (m)	czarna porzeczka (ż)	['tʃarna pɔ'ʒɛtʃka]
groseille (f) rouge	czerwona porzeczka (ż)	[tʃɛr'vɔna pɔ'ʒɛtʃka]
groseille (f) verte	agrest (m)	['agrɛst]
canneberge (f)	żurawina (ż)	[ʒura'vina]
orange (f)	pomarańcza (ż)	[pɔma'raɲtʃa]
mandarine (f)	mandarynka (ż)	[manda'riɲka]
ananas (m)	ananas (ż)	[a'nanas]
banane (f)	banan (m)	['banan]
datte (f)	daktyl (m)	['daktɨl]
citron (m)	cytryna (ż)	[tsɨt'rina]
abricot (m)	morela (ż)	[mɔ'rɛʎa]
pêche (f)	brzoskwinia (ż)	[bʒɔsk'fiɲa]
kiwi (m)	kiwi (n)	['kivi]

pamplemousse (m)	grejpfrut (m)	['grɛjpfrut]
baie (f)	jagoda (ż)	[ja'gɔda]
baies (f pl)	jagody (l.mn.)	[ja'gɔdi]
airelle (f) rouge	borówka (ż)	[bɔ'rufka]
fraise (f) des bois	poziomka (ż)	[pɔ'ʒɜmka]
myrtille (f)	borówka (ż) czarna	[bɔ'rɔfka 'ʧarna]

97. Les fleurs. Les plantes

fleur (f)	kwiat (m)	[kfʲat]
bouquet (m)	bukiet (m)	['buket]
rose (f)	róża (ż)	['ruʒa]
tulipe (f)	tulipan (m)	[tu'lipan]
oeillet (m)	goździk (m)	['gɔʑʲdʑik]
glaïeul (m)	mieczyk (m)	['metʃik]
bleuet (m)	bławatek (m)	[bwa'vatɛk]
campanule (f)	dzwonek (m)	['dzvɔnɛk]
dent-de-lion (f)	dmuchawiec (m)	[dmu'havets]
marguerite (f)	rumianek (m)	[ru'mʲanɛk]
aloès (m)	aloes (m)	[a'lɜɛs]
cactus (m)	kaktus (m)	['kaktus]
ficus (m)	fikus (m)	['fikus]
lis (m)	lilia (ż)	['liʎja]
géranium (m)	pelargonia (ż)	[pɛʎar'gɔɲja]
jacinthe (f)	hiacynt (m)	['hʲjatsint]
mimosa (m)	mimoza (ż)	[mi'mɔza]
jonquille (f)	narcyz (m)	['nartsis]
capucine (f)	nasturcja (ż)	[nas'turts̳ʲja]
orchidée (f)	orchidea (ż)	[ɔrhi'dɛa]
pivoine (f)	piwonia (ż)	[pi'vɔɲja]
violette (f)	fiołek (m)	[fʲ'ɜwɛk]
pensée (f)	bratek (m)	['bratɛk]
myosotis (m)	niezapominajka (ż)	[nezapɔmi'najka]
pâquerette (f)	stokrotka (ż)	[stɔk'rɔtka]
coquelicot (m)	mak (m)	[mak]
chanvre (m)	konopie (l.mn.)	[kɔ'nɔpje]
menthe (f)	mięta (ż)	['menta]
muguet (m)	konwalia (ż)	[kɔn'vaʎja]
perce-neige (f)	przebiśnieg (m)	[pʃɛ'biɕnek]
ortie (f)	pokrzywa (ż)	[pɔk'ʃiva]
oseille (f)	szczaw (m)	[ʃʧaf]

nénuphar (m)	lilia wodna (ż)	['liʎja 'vɔdna]
fougère (f)	paproć (ż)	['paprɔtʃ]
lichen (m)	porost (m)	['pɔrɔst]

serre (f) tropicale	szklarnia (ż)	['ʃkʎarɲa]
gazon (m)	trawnik (m)	['travnik]
parterre (m) de fleurs	klomb (m)	['klɜmp]

plante (f)	roślina (ż)	[rɔɕ'lina]
herbe (f)	trawa (ż)	['trava]
brin (m) d'herbe	źdźbło (n)	[zʲdʒʲbwɔ]

feuille (f)	liść (m)	[liɕtʃ]
pétale (m)	płatek (m)	['pwatɛk]
tige (f)	łodyga (ż)	[wɔ'dɨga]
tubercule (m)	bulwa (ż)	['buʎva]

| pousse (f) | kiełek (m) | ['kewɛk] |
| épine (f) | kolec (m) | ['kɔleʦ] |

fleurir (vi)	kwitnąć	['kfitnɔ̃tʃ]
se faner (vp)	więdnąć	['vendnɔ̃tʃ]
odeur (f)	zapach (m)	['zapah]
couper (vt)	ściąć	[ɕtʃɔ̃tʃ]
cueillir (fleurs)	zerwać	['zɛrvatʃ]

98. Les céréales

grains (m pl)	zboże (n)	['zbɔʒɛ]
céréales (f pl) (plantes)	zboża (l.mn.)	['zbɔʒa]
épi (m)	kłos (m)	[kwɔs]

blé (m)	pszenica (ż)	[pʃɛ'niʦa]
seigle (m)	żyto (n)	['ʒɨtɔ]
avoine (f)	owies (m)	['ɔves]
millet (m)	proso (n)	['prɔsɔ]
orge (f)	jęczmień (m)	['entʃmɛ̃]

maïs (m)	kukurydza (ż)	[kuku'rɨʣa]
riz (m)	ryż (m)	[riʃ]
sarrasin (m)	gryka (ż)	['grɨka]

pois (m)	groch (m)	[grɔh]
haricot (m)	fasola (ż)	[fa'sɔʎa]
soja (m)	soja (ż)	['sɔja]
lentille (f)	soczewica (ż)	[sɔtʃɛ'viʦa]
fèves (f pl)	bób (m)	[bup]

T&P BOOKS

LES PAYS DU MONDE

99. Les pays du monde. Partie 1
100. Les pays du monde. Partie 2
101. Les pays du monde. Partie 3

T&P Books Publishing

Afghanistan (m)	**Afganistan** (n)	[avga'nistan]
Albanie (f)	**Albania** (ż)	[aʎ'baɲa]
Allemagne (f)	**Niemcy** (l.mn.)	['nemtsɨ]
Angleterre (f)	**Anglia** (ż)	['aŋʎja]
Arabie (f) Saoudite	**Arabia** (ż) **Saudyjska**	[a'rabʰja sau'dijska]
Argentine (f)	**Argentyna** (ż)	[argɛn'tina]
Arménie (f)	**Armenia** (ż)	[ar'mɛɲa]
Australie (f)	**Australia** (ż)	[aust'raʎja]
Autriche (f)	**Austria** (ż)	['austrʰja]
Azerbaïdjan (m)	**Azerbejdżan** (m)	[azɛr'bɛjdʒan]
Bahamas (f pl)	**Wyspy** (l.mn.) **Bahama**	['vɨspɨ ba'hama]
Bangladesh (m)	**Bangladesz** (m)	[baŋʎa'dɛʃ]
Belgique (f)	**Belgia** (ż)	['bɛʎgʰja]
Biélorussie (f)	**Białoruś** (ż)	[bʲa'woruɕ]
Bolivie (f)	**Boliwia** (ż)	[bo'livʰja]
Bosnie (f)	**Bośnia i Hercegowina** (ż)	['boɕɲa i hɛrtsɛgo'vina]
Brésil (m)	**Brazylia** (ż)	[bra'ziʎja]
Bulgarie (f)	**Bułgaria** (ż)	[buw'garʰja]
Cambodge (m)	**Kambodża** (ż)	[kam'bodʒa]
Canada (m)	**Kanada** (ż)	[ka'nada]
Chili (m)	**Chile** (n)	['tʃile]
Chine (f)	**Chiny** (l.mn.)	['hinɨ]
Chypre (m)	**Cypr** (m)	[tsɨpr]
Colombie (f)	**Kolumbia** (ż)	[ko'lymbʰja]
Corée (f) du Nord	**Korea** (ż) **Północna**	[ko'rɛa puw'nɔtsna]
Corée (f) du Sud	**Korea** (ż) **Południowa**	[ko'rɛa powud'nɔva]
Croatie (f)	**Chorwacja** (ż)	[hor'vatsʰja]
Cuba (f)	**Kuba** (ż)	['kuba]
Danemark (m)	**Dania** (ż)	['daɲa]
Écosse (f)	**Szkocja** (ż)	['ʃkotsʰja]
Égypte (f)	**Egipt** (m)	['ɛgipt]
Équateur (m)	**Ekwador** (m)	[ɛk'fadɔr]
Espagne (f)	**Hiszpania** (ż)	[hiʃ'paɲja]
Estonie (f)	**Estonia** (ż)	[ɛs'tɔɲja]
Les États Unis	**Stany** (l.mn.) **Zjednoczone Ameryki**	['stanɨ zʰednɔt'ʃɔnɛ a'mɛriki]
Fédération (f) des Émirats Arabes Unis	**Zjednoczone Emiraty Arabskie**	[zʰednɔt'ʃɔnɛ ɛmi'ratɨ a'rapske]
Finlande (f)	**Finlandia** (ż)	[fin'ʎandʰja]
France (f)	**Francja** (ż)	['frantsʰja]

Géorgie (f)	**Gruzja** (ż)	['gruzʰja]
Ghana (m)	**Ghana** (ż)	['gana]
Grande-Bretagne (f)	**Wielka Brytania** (ż)	['veʎka brɨ'taɲja]
Grèce (f)	**Grecja** (ż)	['grɛtsʰja]

100. Les pays du monde. Partie 2

Haïti (m)	**Haiti** (n)	[ha'iti]
Hongrie (f)	**Węgry** (l.mn.)	['vɛŋrɨ]
Inde (f)	**Indie** (l.mn.)	['indʰe]
Indonésie (f)	**Indonezja** (ż)	[indɔ'nɛzʰja]
Iran (m)	**Iran** (m)	['iran]
Iraq (m)	**Irak** (m)	['irak]
Irlande (f)	**Irlandia** (ż)	[ir'ʎandʰja]
Islande (f)	**Islandia** (ż)	[is'ʎandʰja]
Israël (m)	**Izrael** (m)	[iz'raɛʎ]
Italie (f)	**Włochy** (l.mn.)	['vwɔhɨ]
Jamaïque (f)	**Jamajka** (ż)	[ja'majka]
Japon (m)	**Japonia** (ż)	[ja'pɔɲja]
Jordanie (f)	**Jordania** (ż)	[ɜr'daɲja]
Kazakhstan (m)	**Kazachstan** (m)	[ka'zahstan]
Kenya (m)	**Kenia** (ż)	['kɛɲja]
Kirghizistan (m)	**Kirgizja** (ż), **Kirgistan** (m)	[kir'giz ʰja], [kir'gistan]
Koweït (m)	**Kuwejt** (m)	['kuvɛjt]
Laos (m)	**Laos** (m)	['ʎaɔs]
Lettonie (f)	**Łotwa** (ż)	['wɔtfa]
Liban (m)	**Liban** (m)	['liban]
Libye (f)	**Libia** (ż)	['libʰja]
Liechtenstein (m)	**Liechtenstein** (m)	['lihtɛnʃtajn]
Lituanie (f)	**Litwa** (ż)	['litfa]
Luxembourg (m)	**Luksemburg** (m)	['lyksɛmburk]
Macédoine (f)	**Macedonia** (ż)	[matsɛ'dɔɲja]
Madagascar (f)	**Madagaskar** (m)	[mada'gaskar]
Malaisie (f)	**Malezja** (ż)	[ma'lezʰja]
Malte (f)	**Malta** (ż)	['maʎta]
Maroc (m)	**Maroko** (n)	[ma'rɔkɔ]
Mexique (m)	**Meksyk** (m)	['mɛksɨk]
Moldavie (f)	**Mołdawia** (ż)	[mɔw'davʰja]
Monaco (m)	**Monako** (n)	[mɔ'nakɔ]
Mongolie (f)	**Mongolia** (ż)	[mɔ'ŋɔʎja]
Monténégro (m)	**Czarnogóra** (ż)	[tʃarnɔ'gura]
Myanmar (m)	**Mjanma** (ż)	['mjanma]
Namibie (f)	**Namibia** (ż)	[na'mibʰja]
Népal (m)	**Nepal** (m)	['nɛpaʎ]
Norvège (f)	**Norwegia** (ż)	[nɔr'vɛgʰja]

| Nouvelle Zélande (f) | Nowa Zelandia (ż) | ['nɔva zɛ'ʎandʰja] |
| Ouzbékistan (m) | Uzbekistan (m) | [uzbɛ'kistan] |

101. Les pays du monde. Partie 3

Pakistan (m)	Pakistan (m)	[pa'kistan]
Palestine (f)	Autonomia (ż) Palestyńska	[autɔ'nɔmʰja pales'tiɲska]
Panamá (m)	Panama (ż)	[pa'nama]
Paraguay (m)	Paragwaj (m)	[pa'ragvaj]
Pays-Bas (m)	Niderlandy (l.mn.)	[nidɛr'ʎandi]

Pérou (m)	Peru (n)	['pɛru]
Pologne (f)	Polska (ż)	['pɔʎska]
Polynésie (f) Française	Polinezja (ż) Francuska	[poli'nɛzʰja fran'ʦuska]
Portugal (m)	Portugalia (ż)	[pɔrtu'gaʎja]

République (f) Dominicaine	Dominikana (ż)	[dɔmini'kana]
République (f) Sud-africaine	Afryka (ż) Południowa	['afrika pɔwud'nɔva]
République (f) Tchèque	Czechy (l.mn.)	['t∫ɛhi]
Roumanie (f)	Rumunia (ż)	[ru'muɲja]
Russie (f)	Rosja (ż)	['rɔsʰja]

Sénégal (m)	Senegal (m)	[sɛ'nɛgaʎ]
Serbie (f)	Serbia (ż)	['sɛrbʰja]
Slovaquie (f)	Słowacja (ż)	[swɔ'vaʦʰja]
Slovénie (f)	Słowenia (ż)	[swɔ'vɛɲja]
Suède (f)	Szwecja (ż)	['∫fɛʦʰja]
Suisse (f)	Szwajcaria (ż)	[∫faj'ʦarʰja]
Surinam (m)	Surinam (m)	[su'rinam]
Syrie (f)	Syria (ż)	['sirʰja]

Tadjikistan (m)	Tadżykistan (m)	[tadʒi'kistan]
Taïwan (m)	Tajwan (m)	['tajvan]
Tanzanie (f)	Tanzania (ż)	[tan'zaɲja]
Tasmanie (f)	Tasmania (ż)	[tas'maɲja]
Thaïlande (f)	Tajlandia (ż)	[taj'ʎandʰja]
Tunisie (f)	Tunezja (ż)	[tu'nɛzʰja]
Turkménistan (m)	Turkmenia (ż)	[turk'mɛɲja]
Turquie (f)	Turcja (ż)	['turʦʰja]

Ukraine (f)	Ukraina (ż)	[ukra'ina]
Uruguay (m)	Urugwaj (m)	[u'rugvaj]
Vatican (m)	Watykan (m)	[va'tikan]
Venezuela (f)	Wenezuela (ż)	[vɛnɛzu'ɛʎa]
Vietnam (m)	Wietnam (m)	['vʰetnam]
Zanzibar (m)	Zanzibar (m)	[zan'zibar]

GLOSSAIRE
GASTRONOMIQUE

Cette section contient
beaucoup de mots associés
à la nourriture. Ce dictionnaire
vous facilitera la tâche
de comprendre le menu
et de commander le bon plat
au restaurant

T&P Books Publishing

Français-Polonais glossaire gastronomique

Français	Polonais	Prononciation
épi (m)	kłos (m)	[kwɔs]
épice (f)	przyprawa (ż)	[pʃip'rava]
épinard (m)	szpinak (m)	['ʃpinak]
œuf (m)	jajko (n)	['jajkɔ]
abricot (m)	morela (ż)	[mɔ'rɛʎa]
addition (f)	rachunek (m)	[ra'hunɛk]
ail (m)	czosnek (m)	['tʃɔsnɛk]
airelle (f) rouge	borówka (ż)	[bɔ'rufka]
amande (f)	migdał (m)	['migdaw]
amanite (f) tue-mouches	muchomor (m)	[mu'hɔmɔr]
amer (adj)	gorzki	['gɔʃki]
ananas (m)	ananas (m)	[a'nanas]
anguille (f)	węgorz (m)	['vɛŋɔʃ]
anis (m)	anyż (m)	['aniʃ]
apéritif (m)	aperitif (m)	[apɛri'tif]
appétit (m)	apetyt (m)	[a'pɛtit]
arrière-goût (m)	posmak (m)	['pɔsmak]
artichaut (m)	karczoch (m)	['kartʃɔh]
asperge (f)	szparagi (l.mn.)	[ʃpa'ragi]
assiette (f)	talerz (m)	['talɛʃ]
aubergine (f)	bakłażan (m)	[bak'waʒan]
avec de la glace	z lodem	[z 'lɔdɛm]
avocat (m)	awokado (n)	[avɔ'kadɔ]
avoine (f)	owies (m)	['ɔves]
bacon (m)	boczek (m)	['bɔtʃɛk]
baie (f)	jagoda (ż)	[ja'gɔda]
baies (f pl)	jagody (l.mn.)	[ja'gɔdɨ]
banane (f)	banan (m)	['banan]
bar (m)	bar (m)	[bar]
barman (m)	barman (m)	['barman]
basilic (m)	bazylia (ż)	[ba'ziʎja]
betterave (f)	burak (m)	['burak]
beurre (m)	masło (n) śmietankowe	['maswɔ ɕmeta'ŋkɔvɛ]
bière (f)	piwo (n)	['pivɔ]
bière (f) blonde	piwo (n) jasne	[pivɔ 'jasnɛ]
bière (f) brune	piwo (n) ciemne	[pivɔ 'tɕemnɛ]
biscuit (m)	herbatnlkl (l.mń.)	[hɛrbat'niki]
blé (m)	pszenica (ż)	[pʃɛ'nitsa]
blanc (m) d'œuf	białko (n)	['bʲawkɔ]
boisson (f) non alcoolisée	napój (m) bezalkoholowy	['napuj bɛzalkɔhɔ'lɔvɨ]
boissons (f pl) alcoolisées	napoje (l.mn.) alkoholowe	[na'pɔe aʎkɔhɔ'lɔvɛ]
bolet (m) bai	koźlarz (m)	['kɔzʲʎaʃ]

bolet (m) orangé	koźlarz (m) czerwony	['kɔʑiʎaʃ ʧɛr'vɔni]
bon (adj)	smaczny	['smatʃni]
Bon appétit!	Smacznego!	[smatʃ'nɛgɔ]
bonbon (m)	cukierek (m)	[ʦu'kerɛk]
bouillie (f)	kasza (ż)	['kaʃa]
bouillon (m)	rosół (m)	['rɔsuw]
boulette (f)	kotlet (m)	['kɔtlɛt]
brème (f)	leszcz (m)	[lɛʃʧ]
brochet (m)	szczupak (m)	['ʃʧupak]
brocoli (m)	brokuły (l.mn.)	[brɔ'kuwi]
cèpe (m)	prawdziwek (m)	[prav'ʤivɛk]
céleri (m)	seler (m)	['sɛler]
céréales (f pl)	zboża (l.mn.)	['zbɔʒa]
cacahuète (f)	orzeszek (l.mn.) ziemny	[ɔ'ʒɛʃɛk 'ʒemnɛ]
café (m)	kawa (ż)	['kava]
café (m) au lait	kawa (ż) z mlekiem	['kava z 'mlekem]
café (m) noir	czarna kawa (ż)	['ʧarna 'kava]
café (m) soluble	kawa (ż) rozpuszczalna	['kava rɔspuʃt'ʃaʎna]
calamar (m)	kałamarnica (ż)	[kawamar'niʦa]
calorie (f)	kaloria (ż)	[ka'lɜrja]
canard (m)	kaczka (ż)	['katʃka]
canneberge (f)	żurawina (ż)	[ʒura'vina]
cannelle (f)	cynamon (m)	[ʦi'namɔn]
cappuccino (m)	cappuccino (n)	[kapu'ʧinɔ]
carotte (f)	marchew (ż)	['marhɛf]
carpe (f)	karp (m)	[karp]
carte (f)	menu (n)	['menu]
carte (f) des vins	karta (ż) win	['karta vin]
cassis (m)	czarna porzeczka (ż)	['ʧarna pɔ'ʒɛtʃka]
caviar (m)	kawior (m)	['kavɜr]
cerise (f)	wiśnia (ż)	['viɕɲa]
champagne (m)	szampan (m)	['ʃampan]
champignon (m)	grzyb (m)	[gʒip]
champignon (m) comestible	grzyb (m) jadalny	[gʒip ja'daʎni]
champignon (m) vénéneux	grzyb (m) trujący	[gʒip truɔ̃tɕi]
chaud (adj)	gorący	[gɔ'rɔ̃tɕi]
chocolat (m)	czekolada (ż)	[tʃɛkɔ'ʎada]
chou (m)	kapusta (ż)	[ka'pusta]
chou (m) de Bruxelles	brukselka (ż)	[bruk'sɛʎka]
chou-fleur (m)	kalafior (m)	[ka'ʎafɜr]
citron (m)	cytryna (ż)	[ʦit'rina]
clou (m) de girofle	goździki (l.mn.)	['gɔʑiʤiki]
cocktail (m)	koktajl (m)	['kɔktajʎ]
cocktail (m) au lait	koktajl (m) mleczny	['kɔktajʎ 'mletʃni]
cognac (m)	koniak (m)	['kɔɲak]
concombre (m)	ogórek (m)	[ɔ'gurɛk]
condiment (m)	przyprawa (ż)	[pʃip'rava]
confiserie (f)	wyroby (l.mn.) cukiernicze	[vi'rɔbi ʦuker'niʧɛ]
confiture (f)	dżem (m)	[ʤɛm]
confiture (f)	konfitura (ż)	[kɔnfi'tura]

congelé (adj)	mrożony	[mrɔ'ʒɔnɨ]
conserves (f pl)	konserwy (l.mn.)	[kɔn'sɛrvɨ]
coriandre (m)	kolendra (ż)	[kɔ'lendra]
courgette (f)	kabaczek (m)	[ka'batʃɛk]
couteau (m)	nóż (m)	[nuʃ]
crème (f)	śmietanka (ż)	[ɕme'taŋka]
crème (f) aigre	śmietana (ż)	[ɕme'tana]
crème (f) au beurre	krem (m)	[krɛm]
crabe (m)	krab (m)	[krap]
crevette (f)	krewetka (ż)	[krɛ'vɛtka]
cuillère (f)	łyżka (ż)	['wɨʃka]
cuillère (f) à soupe	łyżka (ż) stołowa	['wɨʃka stɔ'wova]
cuisine (f)	kuchnia (ż)	['kuhɲa]
cuisse (f)	szynka (ż)	['ʃɨŋka]
cuit à l'eau (adj)	gotowany	[gɔtɔ'vanɨ]
cumin (m)	kminek (m)	['kminɛk]
cure-dent (m)	wykałaczka (ż)	[vɨka'watʃka]
déjeuner (m)	obiad (m)	['ɔbʲat]
dîner (m)	kolacja (ż)	[kɔ'ʎatsʲja]
datte (f)	daktyl (m)	['daktɨl]
dessert (m)	deser (m)	['dɛsɛr]
dinde (f)	indyk (m)	['indɨk]
du bœuf	wołowina (ż)	[vɔwɔ'vina]
du mouton	baranina (ż)	[bara'nina]
du porc	wieprzowina (ż)	[vepʃɔ'vina]
du veau	cielęcina (ż)	[tʃɛlɛ̃'tʃina]
eau (f)	woda (ż)	['vɔda]
eau (f) minérale	woda (ż) mineralna	['vɔda minɛ'raʎna]
eau (f) potable	woda (ż) pitna	['vɔda 'pitna]
en chocolat (adj)	czekoladowy	[tʃɛkɔʎa'dɔvɨ]
esturgeon (m)	mięso (n) jesiotra	['mensɔ e'ɕʑtra]
fèves (f pl)	bób (m)	[bup]
farce (f)	farsz (m)	[farʃ]
farine (f)	mąka (ż)	['mɔ̃ka]
fenouil (m)	koperek (m)	[kɔ'pɛrɛk]
feuille (f) de laurier	liść (m) laurowy	[liɕtʃ ʎau'rɔvɨ]
figue (f)	figa (ż)	['figa]
flétan (m)	halibut (m)	[ha'libut]
flet (m)	flądra (ż)	[flɔ̃dra]
foie (m)	wątróbka (ż)	[vɔ̃t'rupka]
fourchette (f)	widelec (m)	[vi'dɛlets]
fraise (f)	truskawka (ż)	[trus'kafka]
fraise (f) des bois	poziomka (ż)	[pɔ'ʑɔmka]
framboise (f)	malina (ż)	[ma'lina]
frit (adj)	smażony	[sma'ʒɔnɨ]
froid (adj)	zimny	['ʒimnɨ]
fromage (m)	ser (m)	[sɛr]
fruit (m)	owoc (m)	['ɔvɔts]
fruits (m pl)	owoce (l.mn.)	[ɔ'vɔtsɛ]
fruits (m pl) de mer	owoce (l.mn.) morza	[ɔ'vɔtsɛ 'mɔʒa]
fumé (adj)	wędzony	[vɛ̃'dzɔnɨ]
gâteau (m)	ciastko (n)	['tʃastkɔ]

gâteau (m)	ciasto (n)	['tʃastɔ]
garniture (f)	nadzienie (n)	[na'dʑene]
garniture (f)	dodatki (l.mn.)	[dɔ'datki]
gaufre (f)	wafle (l.mn.)	['vafle]
gazeuse (adj)	gazowana	[ga'zɔvana]
gibier (m)	dziczyzna (ż)	[dʑit'ʃizna]
gin (m)	dżin (m), gin (m)	[dʑin]
gingembre (m)	imbir (m)	['imbir]
girolle (f)	kurka (ż)	['kurka]
glace (f)	lód (m)	[lyt]
glace (f)	lody (l.mn.)	['lɔdɨ]
glucides (m pl)	węglowodany (l.mn.)	[vɛnɛ̃zvɔ'danɨ]
goût (m)	smak (m)	[smak]
gomme (f) à mâcher	guma (ż) do żucia	['guma dɔ 'ʐutʃʲa]
grains (m pl)	zboże (n)	['zbɔʒɛ]
grenade (f)	granat (m)	['granat]
groseille (f) rouge	czerwona porzeczka (ż)	[tʃɛr'vɔna pɔ'ʒɛtʃka]
groseille (f) verte	agrest (m)	['agrɛst]
gruau (m)	kasza (ż)	['kaʃa]
hamburger (m)	hamburger (m)	[ham'burgɛr]
hareng (m)	śledź (m)	[ɕletʃ]
haricot (m)	fasola (ż)	[fa'sɔʎa]
hors-d'œuvre (m)	przystawka (ż)	[pʃis'tafka]
huître (f)	ostryga (ż)	[ɔst'riga]
huile (f) d'olive	olej (m) oliwkowy	['ɔlej ɔlifʲkɔvɨ]
huile (f) de tournesol	olej (m) słonecznikowy	['ɔlej swɔnɛtʃnikɔvɨ]
huile (f) végétale	olej (m) roślinny	['ɔlej rɔɕliɲɨ]
jambon (m)	szynka (ż)	['ʃɨŋka]
jaune (m) d'œuf	żółtko (n)	['ʒuwtkɔ]
jus (m)	sok (m)	[sɔk]
jus (m) d'orange	sok (m) pomarańczowy	[sɔk pɔmaraɲt'ʃɔvɨ]
jus (m) de tomate	sok (m) pomidorowy	[sɔk pɔmidɔ'rɔvɨ]
jus (m) pressé	sok (m) ze świeżych owoców	[sɔk zɛ 'ɕfeʒih ɔ'vɔtsuf]
kiwi (m)	kiwi (n)	['kivi]
légumes (m pl)	warzywa (l.mn.)	[va'ʒɨva]
lait (m)	mleko (n)	['mlekɔ]
lait (m) condensé	mleko skondensowane	['mlekɔ skɔndɛnsɔ'vanɛ]
laitue (f), salade (f)	sałata (ż)	[sa'wata]
langoustine (f)	langusta (ż)	[ʎa'ŋusta]
langue (f)	ozór (m)	['ɔzur]
lapin (m)	królik (m)	['krulik]
lard (m)	smalec (m)	['smalets]
lentille (f)	soczewica (ż)	[sɔtʃɛ'vitsa]
les œufs	jajka (l.mn.)	['jajka]
les œufs brouillés	jajecznica (ż)	[jaetʃ'nitsa]
limonade (f)	lemoniada (ż)	[lemɔ'njada]
lipides (m pl)	tłuszcze (l.mn.)	['twuʃtʃɛ]
liqueur (f)	likier (m)	['liker]
mûre (f)	jeżyna (ż)	[e'ʒina]
maïs (m)	kukurydza (ż)	[kuku'ridza]
maïs (m)	kukurydza (ż)	[kuku'ridza]

mandarine (f)	mandarynka (ż)	[manda'riŋka]
mangue (f)	mango (n)	['maŋɔ]
maquereau (m)	makrela (ż)	[mak'rɛla]
margarine (f)	margaryna (ż)	[marga'rina]
mariné (adj)	marynowany	[marinɔ'vani]
marmelade (f)	marmolada (ż)	[marmɔ'ʎada]
melon (m)	melon (m)	['mɛlɔn]
merise (f)	czereśnia (ż)	[tʃɛ'rɛɕɲa]
miel (m)	miód (m)	[myt]
miette (f)	okruchek (m)	[ɔk'ruhɛk]
millet (m)	proso (n)	['prɔsɔ]
morceau (m)	kawałek (m)	[ka'vawɛk]
morille (f)	smardz (m)	[smarts]
morue (f)	dorsz (m)	[dɔrʃ]
moutarde (f)	musztarda (ż)	[muʃ'tarda]
myrtille (f)	borówka (ż) czarna	[bɔ'rɔfka 'tʃarna]
navet (m)	rzepa (ż)	['ʒɛpa]
noisette (f)	orzech (m) laskowy	['ɔʒɛh ʎas'kɔvi]
noix (f)	orzech (m) włoski	['ɔʒɛh 'vwɔski]
noix (f) de coco	orzech (m) kokosowy	['ɔʒɛh kɔkɔ'sɔvi]
nouilles (f pl)	makaron (m)	[ma'karɔn]
nourriture (f)	jedzenie (n)	[e'dzene]
oie (f)	gęś (ż)	[gɛ̃ɕ]
oignon (m)	cebula (ż)	[tsɛ'buʎa]
olives (f pl)	oliwki (ż, l.mn.)	[ɔ'lifki]
omelette (f)	omlet (m)	['ɔmlɛt]
orange (f)	pomarańcza (ż)	[pɔma'raɲtʃa]
orge (f)	jęczmień (m)	['entʃmɛ̃]
oronge (f) verte	psi grzyb (m)	[pɕi gʒip]
ouvre-boîte (m)	otwieracz (m) do puszek	[ɔt'feratʃ dɛ 'puʃɛk]
ouvre-bouteille (m)	otwieracz (m) do butelek	[ɔt'feratʃ dɛ bu'tɛlek]
pâté (m)	pasztet (m)	['paʃtɛt]
pâtes (m pl)	makaron (m)	[ma'karɔn]
pétales (m pl) de maïs	płatki (l.mn.) kukurydziane	['pwatki kukuri'dʑ|anɛ]
pétillante (adj)	gazowana	[ga'zɔvana]
pêche (f)	brzoskwinia (ż)	[bʒɔsk'fiɲa]
pain (m)	chleb (m)	[hlep]
pamplemousse (m)	grejpfrut (m)	['grɛjpfrut]
papaye (f)	papaja (ż)	[pa'paja]
paprika (m)	papryka (ż)	[pap'rika]
pastèque (f)	arbuz (m)	['arbus]
peau (f)	skórka (ż)	['skurka]
perche (f)	okoń (m)	['ɔkɔɲ]
persil (m)	pietruszka (ż)	[pet'ruʃka]
petit déjeuner (m)	śniadanie (n)	[ɕɲa'dane]
petite cuillère (f)	łyżeczka (ż)	[wi'ʒɛtʃka]
pistaches (f pl)	fistaszki (l.mn.)	[fis'taʃki]
pizza (f)	pizza (ż)	['pitsa]
plat (m)	danie (n)	['dane]
plate (adj)	niegazowana	[nega'zɔvana]
poire (f)	gruszka (ż)	['gruʃka]
pois (m)	groch (m)	[grɔh]

poisson (m)	ryba (ż)	['rɨba]
poivre (m) noir	pieprz (m) czarny	[pepʃ 'tʃarnɨ]
poivre (m) rouge	papryka (ż)	[pap'rɨka]
poivron (m)	słodka papryka (ż)	['swɔdka pap'rɨka]
pomme (f)	jabłko (n)	['jabkɔ]
pomme (f) de terre	ziemniak (m)	[ʒem'ɲak]
portion (f)	porcja (ż)	['portsʰja]
potiron (m)	dynia (ż)	['dɨɲa]
poulet (m)	kurczak (m)	['kurtʃak]
pourboire (m)	napiwek (m)	[na'pivɛk]
protéines (f pl)	białka (l.mn.)	['bʲawka]
prune (f)	śliwka (ż)	['ɕlifka]
régime (m)	dieta (ż)	['dʰeta]
rôti (m)	pieczeń (ż)	['petʃɛɲ]
radis (m)	rzodkiewka (ż)	[ʒɔt'kefka]
rafraîchissement (m)	napój (m) orzeźwiający	['napuj ɔʒɛʑ/vjaɔ̃tsɨ]
raifort (m)	chrzan (m)	[hʃan]
raisin (m)	winogrona (l.mn.)	[vinɔg'rɔna]
raisin (m) sec	rodzynek (m)	[rɔ'dzɨnɛk]
recette (f)	przepis (m)	['pʃɛpis]
requin (m)	rekin (m)	['rɛkin]
rhum (m)	rum (m)	[rum]
riz (m)	ryż (m)	[rɨʃ]
russule (f)	gołąbek (m)	[gɔ'wɔ̃bɛk]
sésame (m)	sezam (m)	['sɛzam]
safran (m)	szafran (m)	['ʃafran]
salé (adj)	słony	['swɔnɨ]
salade (f)	sałatka (ż)	[sa'watka]
sandre (f)	sandacz (m)	['sandatʃ]
sandwich (m)	kanapka (ż)	[ka'napka]
sans alcool	bezalkoholowy	[bɛzaʎkɔhɔ'lɔvɨ]
sardine (f)	sardynka (ż)	[sar'dɨŋka]
sarrasin (m)	gryka (ż)	['grɨka]
sauce (f)	sos (m)	[sɔs]
sauce (f) mayonnaise	majonez (m)	[maɜnɛs]
saucisse (f)	parówka (ż)	[pa'rufka]
saucisson (m)	kiełbasa (ż)	[kew'basa]
saumon (m)	łosoś (m)	['wɔsɔɕ]
saumon (m) atlantique	łosoś (m)	['wɔsɔɕ]
sec (adj)	suszony	[su'ʃɔnɨ]
seigle (m)	żyto (n)	['ʒɨtɔ]
sel (m)	sól (ż)	[suʎ]
serveur (m)	kelner (m)	['kɛʎnɛr]
serveuse (f)	kelnerka (ż)	[kɛʎ'nɛrka]
silure (m)	sum (m)	[sum]
soja (m)	soja (ż)	['sɔja]
soucoupe (f)	spodek (m)	['spɔdɛk]
soupe (f)	zupa (ż)	['zupa]
spaghettis (m pl)	spaghetti (n)	[spa'gɛtti]
steak (m)	befsztyk (m)	['bɛfʃtik]
sucré (adj)	słodki	['swɔtki]
sucre (m)	cukier (m)	['tsuker]

tarte (f)	tort (m)	[tɔrt]
tasse (f)	filiżanka (ż)	[fili'ʒaŋka]
thé (m)	herbata (ż)	[hɛr'bata]
thé (m) noir	czarna herbata (ż)	['tʃarna hɛr'bata]
thé (m) vert	zielona herbata (ż)	[ʒe'lɜna hɛr'bata]
thon (m)	tuńczyk (m)	['tuɲtʃik]
tire-bouchon (m)	korkociąg (m)	[kɔr'kɔtʃɔ̃k]
tomate (f)	pomidor (m)	[pɔ'midɔr]
tranche (f)	plasterek (m)	[pʎas'tɛrɛk]
truite (f)	pstrąg (m)	[pstrɔ̃k]
végétarien (adj)	wegetariański	[vɛɡɛtar'ʲjaɲski]
végétarien (m)	wegetarianin (m)	[vɛɡɛtar'ʲjanin]
verdure (f)	włoszczyzna (ż)	[vwɔʃt'ʃizna]
vermouth (m)	wermut (m)	['vɛrmut]
verre (m)	szklanka (ż)	['ʃkʎaŋka]
verre (m) à vin	kielich (m)	['kelih]
viande (f)	mięso (n)	['mensɔ]
vin (m)	wino (n)	['vinɔ]
vin (m) blanc	białe wino (n)	['bʲawɛ 'vinɔ]
vin (m) rouge	czerwone wino (n)	[tʃɛr'vɔnɛ 'vinɔ]
vinaigre (m)	ocet (m)	['ɔtset]
vitamine (f)	witamina (ż)	[vita'mina]
vodka (f)	wódka (ż)	['vutka]
whisky (m)	whisky (ż)	[u'iski]
yogourt (m)	jogurt (m)	[ʒgurt]

Polonais-Français glossaire gastronomique

łosoś (m)	['wɔsɔɕ]	saumon (m)
łosoś (m)	['wɔsɔɕ]	saumon (m) atlantique
łyżeczka (ż)	[wɨ'ʒɛtʃka]	petite cuillère (f)
łyżka (ż)	['wɨʃka]	cuillère (f)
łyżka (ż) **stołowa**	['wɨʃka stɔ'wɔva]	cuillère (f) à soupe
śledź (m)	[ɕletʃ]	hareng (m)
śliwka (ż)	['ɕlifka]	prune (f)
śmietana (ż)	[ɕme'tana]	crème (f) aigre
śmietanka (ż)	[ɕme'taŋka]	crème (f)
śniadanie (n)	[ɕɲa'dane]	petit déjeuner (m)
żółtko (n)	['ʒuwtkɔ]	jaune (m) d'œuf
żurawina (ż)	[ʒura'vina]	canneberge (f)
żyto (n)	['ʒitɔ]	seigle (m)
agrest (m)	['agrɛst]	groseille (f) verte
ananas (m)	[a'nanas]	ananas (m)
anyż (m)	['aniʃ]	anis (m)
aperitif (m)	[apɛri'tif]	apéritif (m)
apetyt (m)	[a'pɛtit]	appétit (m)
arbuz (m)	['arbus]	pastèque (f)
awokado (n)	[avɔ'kadɔ]	avocat (m)
bób (m)	[bup]	fèves (f pl)
bakłażan (m)	[bak'waʒan]	aubergine (f)
banan (m)	['banan]	banane (f)
bar (m)	[bar]	bar (m)
baranina (ż)	[bara'nina]	du mouton
barman (m)	['barman]	barman (m)
bazylia (ż)	[ba'ziʎja]	basilic (m)
befsztyk (m)	['bɛfʃtik]	steak (m)
bezalkoholowy	[bɛzaʎkɔhɔ'lɔvɨ]	sans alcool
białe wino (n)	['bʲawɛ 'vinɔ]	vin (m) blanc
białka (l.mn.)	['bʲawka]	protéines (f pl)
białko (n)	['bʲawkɔ]	blanc (m) d'œuf
boczek (m)	['bɔtʃɛk]	bacon (m)
borówka (ż)	[bɔ'rufka]	airelle (f) rouge
borówka (ż) **czarna**	[bɔ'rɔfka 'tʃarna]	myrtille (f)
brokuły (l.mn.)	[brɔ'kuwɨ]	brocoli (m)
brukselka (ż)	[bruk'sɛʎka]	chou (m) de Bruxelles
brzoskwinia (ż)	[bʒɔsk'fiɲa]	pêche (f)
burak (m)	['burak]	betterave (f)
cappuccino (n)	[kapu'tʃinɔ]	cappuccino (m)
cebula (ż)	[tsɛ'buʎa]	oignon (m)
chleb (m)	[hlep]	pain (m)
chrzan (m)	[hʃan]	raifort (m)
ciastko (n)	['tʃastkɔ]	gâteau (m)

ciasto (n)	['ʧastɔ]	gâteau (m)
cielęcina (ż)	[ʧɛlɛ̃'ʧina]	du veau
cukier (m)	['ʦuker]	sucre (m)
cukierek (m)	[ʦu'kerɛk]	bonbon (m)
cynamon (m)	[ʦi'namɔn]	cannelle (f)
cytryna (ż)	[ʦɨt'rina]	citron (m)
czarna herbata (ż)	['ʧarna hɛr'bata]	thé (m) noir
czarna kawa (ż)	['ʧarna 'kava]	café (m) noir
czarna porzeczka (ż)	['ʧarna pɔ'ʒɛʧka]	cassis (m)
czekolada (ż)	[ʧɛkɔ'ʎada]	chocolat (m)
czekoladowy	[ʧɛkɔʎa'dɔvɨ]	en chocolat (adj)
czereśnia (ż)	[ʧɛ'rɛɕɲa]	merise (f)
czerwona porzeczka (ż)	[ʧɛr'vɔna pɔ'ʒɛʧka]	groseille (f) rouge
czerwone wino (n)	[ʧɛr'vɔnɛ 'vinɔ]	vin (m) rouge
czosnek (m)	['ʧɔsnɛk]	ail (m)
dżem (m)	[dʒɛm]	confiture (f)
dżin (m), gin (m)	[dʒin]	gin (m)
daktyl (m)	['daktɨl]	datte (f)
danie (n)	['danɛ]	plat (m)
deser (m)	['dɛsɛr]	dessert (m)
dieta (ż)	['dʰeta]	régime (m)
dodatki (l.mn.)	[dɔ'datki]	garniture (f)
dorsz (m)	[dɔrʃ]	morue (f)
dynia (ż)	['dɨɲa]	potiron (m)
dziczyzna (ż)	[dʒit'ʃizna]	gibier (m)
farsz (m)	[farʃ]	farce (f)
fasola (ż)	[fa'sɔʎa]	haricot (m)
figa (ż)	['figa]	figue (f)
filiżanka (ż)	[fili'ʒaŋka]	tasse (f)
fistaszki (l.mn.)	[fis'taʃki]	pistaches (f pl)
flądra (ż)	[flɔ̃dra]	flet (m)
gęś (ż)	[gɛ̃ɕ]	oie (f)
gazowana	[ga'zɔvana]	gazeuse (adj)
gazowana	[ga'zɔvana]	pétillante (adj)
gołąbek (m)	[gɔ'wɔ̃bɛk]	russule (f)
goździki (l.mn.)	['gɔʑ'dʒiki]	clou (m) de girofle
gorący	[gɔ'rɔ̃ʦɨ]	chaud (adj)
gorzki	['gɔʃki]	amer (adj)
gotowany	[gɔtɔ'vanɨ]	cuit à l'eau (adj)
granat (m)	['granat]	grenade (f)
grejpfrut (m)	['grɛjpfrut]	pamplemousse (m)
groch (m)	[grɔh]	pois (m)
gruszka (ż)	['gruʃka]	poire (f)
gryka (?)	['grika]	sarrasin (m)
grzyb (m)	[gʒɨp]	champignon (m)
grzyb (m) jadalny	[gʒɨp ja'daʎnɨ]	champignon (m) comestible
grzyb (m) trujący	[gʒɨp truɔ̃ʦi]	champignon (m) vénéneux
guma (ż) do żucia	['guma dɔ 'ʒuʨa]	gomme (f) à mâcher
halibut (m)	[ha'libut]	flétan (m)
hamburger (m)	[ham'burgɛr]	hamburger (m)

herbata (ż)	[hɛr'bata]	thé (m)
herbatniki (l.mn.)	[hɛrbat'niki]	biscuit (m)
imbir (m)	['imbir]	gingembre (m)
indyk (m)	['indɨk]	dinde (f)
jęczmień (m)	['entʃmɛ̃]	orge (f)
jabłko (n)	['jabkɔ]	pomme (f)
jagoda (ż)	[ja'gɔda]	baie (f)
jagody (l.mn.)	[ja'gɔdɨ]	baies (f pl)
jajecznica (ż)	[jaetʃ'niʦa]	les œufs brouillés
jajka (l.mn.)	['jajka]	les œufs
jajko (n)	['jajkɔ]	œuf (m)
jeżyna (ż)	[e'ʒina]	mûre (f)
jedzenie (n)	[e'dzɛne]	nourriture (f)
jogurt (m)	[ʒgurt]	yogourt (m)
kłos (m)	[kwɔs]	épi (m)
kałamarnica (ż)	[kawamar'niʦa]	calamar (m)
kabaczek (m)	[ka'batʃɛk]	courgette (f)
kaczka (ż)	['katʃka]	canard (m)
kalafior (m)	[ka'ʎafɔr]	chou-fleur (m)
kaloria (ż)	[ka'lɔrja]	calorie (f)
kanapka (ż)	[ka'napka]	sandwich (m)
kapusta (ż)	[ka'pusta]	chou (m)
karczoch (m)	['kartʃɔh]	artichaut (m)
karp (m)	[karp]	carpe (f)
karta (ż) win	['karta vin]	carte (f) des vins
kasza (ż)	['kaʃa]	gruau (m)
kasza (ż)	['kaʃa]	bouillie (f)
kawa (ż)	['kava]	café (m)
kawa (ż) rozpuszczalna	['kava rɔspuʃt'ʃaʎna]	café (m) soluble
kawa (ż) z mlekiem	['kava z 'mlekem]	café (m) au lait
kawałek (m)	[ka'vawɛk]	morceau (m)
kawior (m)	['kavɔr]	caviar (m)
kelner (m)	['kɛʎnɛr]	serveur (m)
kelnerka (ż)	[kɛʎ'nɛrka]	serveuse (f)
kiełbasa (ż)	[kew'basa]	saucisson (m)
kielich (m)	['kelih]	verre (m) à vin
kiwi (n)	['kivi]	kiwi (m)
kminek (m)	['kminɛk]	cumin (m)
koźlarz (m)	['kɔʑʎaʃ]	bolet (m) bai
koźlarz (m) czerwony	['kɔʑʎaʃ tʃɛr'vɔnɨ]	bolet (m) orangé
koktajl (m)	['kɔktajʎ]	cocktail (m)
koktajl (m) mleczny	['kɔktajʎ 'mletʃnɨ]	cocktail (m) au lait
kolacja (ż)	[kɔ'ʎaʦʰja]	dîner (m)
kolendra (ż)	[kɔ'lendra]	coriandre (m)
konfitura (ż)	[kɔnfi'tura]	confiture (f)
koniak (m)	['kɔɲjak]	cognac (m)
konserwy (l.mn.)	[kɔn'sɛrvɨ]	conserves (f pl)
koperek (m)	[kɔ'pɛrɛk]	fenouil (m)
korkociąg (m)	[kɔr'kɔtʃɔ̃k]	tire-bouchon (m)
kotlet (m)	['kɔtlɛt]	boulette (f)
królik (m)	['krulik]	lapin (m)
krab (m)	[krap]	crabe (m)

krem (m)	[krɛm]	crème (f) au beurre
krewetka (ż)	[krɛ'vɛtka]	crevette (f)
kuchnia (ż)	['kuhɲa]	cuisine (f)
kukurydza (ż)	[kuku'riʣa]	maïs (m)
kukurydza (ż)	[kuku'riʣa]	maïs (m)
kurczak (m)	['kurtʃak]	poulet (m)
kurka (ż)	['kurka]	girolle (f)
lód (m)	[lyt]	glace (f)
langusta (ż)	[ʎa'ŋusta]	langoustine (f)
lemoniada (ż)	[lemɔ'ɲjada]	limonade (f)
leszcz (m)	[leʃtʃ]	brème (f)
liść (m) laurowy	[liɕtʃ ʎau'rɔvi]	feuille (f) de laurier
likier (m)	['liker]	liqueur (f)
lody (l.mn.)	['lɔdi]	glace (f)
mąka (ż)	['mõka]	farine (f)
majonez (m)	[maɜnɛs]	sauce (f) mayonnaise
makaron (m)	[ma'karɔn]	pâtes (m pl)
makaron (m)	[ma'karɔn]	nouilles (f pl)
makrela (ż)	[mak'rɛla]	maquereau (m)
malina (ż)	[ma'lina]	framboise (f)
mandarynka (ż)	[manda'riŋka]	mandarine (f)
mango (n)	['maŋɔ]	mangue (f)
marchew (ż)	['marhɛf]	carotte (f)
margaryna (ż)	[marga'rina]	margarine (f)
marmolada (ż)	[marmɔ'ʎada]	marmelade (f)
marynowany	[marinɔ'vani]	mariné (adj)
masło (n) śmietankowe	['maswɔ ɕmeta'ŋkɔvɛ]	beurre (m)
melon (m)	['mɛlɔn]	melon (m)
menu (n)	['menu]	carte (f)
miód (m)	[myt]	miel (m)
mięso (n)	['mensɔ]	viande (f)
mięso (n) jesiotra	['mensɔ e'ɕɜtra]	esturgeon (m)
migdał (m)	['migdaw]	amande (f)
mleko (n)	['mlekɔ]	lait (m)
mleko skondensowane	['mlekɔ skɔndɛnsɔ'vanɛ]	lait (m) condensé
morela (ż)	[mɔ'rɛʎa]	abricot (m)
mrożony	[mrɔ'ʒɔni]	congelé (adj)
muchomor (m)	[mu'hɔmɔr]	amanite (f) tue-mouches
musztarda (ż)	[muʃ'tarda]	moutarde (f)
nóż (m)	[nuʃ]	couteau (m)
nadzienie (n)	[na'ʤene]	garniture (f)
napój (m) bezalkoholowy	['napuj bɛzalkɔhɔ'lɔvi]	boisson (f) non alcoolisée
napój (m) orzeźwiający	['napuj ɔʒɛʑvjaɔ̃ʦi]	rafraîchissement (m)
napiwek (m)	[na'pivɛk]	pourboire (m)
napoje (l.mn.) alkoholowe	[na'pɔe aʎkɔhɔ'lɔvɛ]	boissons (f pl) alcoolisées
niegazowana	[nega'zɔvana]	plate (adj)
obiad (m)	['ɔbʲat]	déjeuner (m)
ocet (m)	['ɔʦet]	vinaigre (m)
ogórek (m)	[ɔ'gurɛk]	concombre (m)
okoń (m)	['ɔkɔɲ]	perche (f)

okruchek (m)	[ɔk'ruhɛk]	miette (f)
olej (m) oliwkowy	['ɔlej ɔliˈfkɔvɨ]	huile (f) d'olive
olej (m) roślinny	['ɔlej rɔɕliɲi]	huile (f) végétale
olej (m) słonecznikowy	['ɔlej swɔnɛtʃnikɔvɨ]	huile (f) de tournesol
oliwki (ż, l.mn.)	[ɔ'lifki]	olives (f pl)
omlet (m)	['ɔmlɛt]	omelette (f)
orzech (m) kokosowy	['ɔʒɛh kɔkɔ'sɔvɨ]	noix (f) de coco
orzech (m) laskowy	['ɔʒɛh ʎas'kɔvɨ]	noisette (f)
orzech (m) włoski	['ɔʒɛh 'vwɔski]	noix (f)
orzeszek (l.mn.) ziemny	[ɔ'ʒɛʃɛk 'ʒemnɛ]	cacahuète (f)
ostryga (ż)	[ɔst'riga]	huître (f)
otwieracz (m) do butelek	[ɔt'feratʃ dɛ bu'tɛlek]	ouvre-bouteille (m)
otwieracz (m) do puszek	[ɔt'feratʃ dɛ 'puʃɛk]	ouvre-boîte (m)
owies (m)	['ɔves]	avoine (f)
owoc (m)	['ɔvɔts]	fruit (m)
owoce (l.mn.)	[ɔ'vɔtsɛ]	fruits (m pl)
owoce (l.mn.) morza	[ɔ'vɔtsɛ 'mɔʒa]	fruits (m pl) de mer
ozór (m)	['ɔzur]	langue (f)
płatki (l.mn.) kukurydziane	['pwatki kukuri'dʑʲanɛ]	pétales (m pl) de maïs
papaja (ż)	[pa'paja]	papaye (f)
papryka (ż)	[pap'rika]	poivre (m) rouge
papryka (ż)	[pap'rika]	paprika (m)
parówka (ż)	[pa'rufka]	saucisse (f)
pasztet (m)	['paʃtɛt]	pâté (m)
pieczeń (ż)	['petʃɛɲ]	rôti (m)
pieprz (m) czarny	[pepʃ 'tʃarnɨ]	poivre (m) noir
pietruszka (ż)	[pet'ruʃka]	persil (m)
piwo (n)	['pivɔ]	bière (f)
piwo (n) ciemne	[pivɔ 'tʃemnɛ]	bière (f) brune
piwo (n) jasne	[pivɔ 'jasnɛ]	bière (f) blonde
pizza (ż)	['pitsa]	pizza (f)
plasterek (m)	[pʎas'tɛrɛk]	tranche (f)
pomarańcza (ż)	[pɔma'raɲtʃa]	orange (f)
pomidor (m)	[pɔ'midɔr]	tomate (f)
porcja (ż)	['pɔrtsʲʲja]	portion (f)
posmak (m)	['pɔsmak]	arrière-goût (m)
poziomka (ż)	[pɔ'ʒɔmka]	fraise (f) des bois
prawdziwek (m)	[prav'dʑivɛk]	cèpe (m)
proso (n)	['prɔsɔ]	millet (m)
przepis (m)	['pʃɛpis]	recette (f)
przyprawa (ż)	[pʃip'rava]	condiment (m)
przyprawa (ż)	[pʃip'rava]	épice (f)
przystawka (ż)	[pʃis'tafka]	hors-d'œuvre (m)
psi grzyb (m)	[pɕi gʒɨp]	oronge (f) verte
pstrąg (m)	[pstrɔ̃k]	truite (f)
pszenica (ż)	[pʃɛ'nitsa]	blé (m)
rachunek (m)	[ra'hunɛk]	addition (f)
rekin (m)	['rɛkin]	requin (m)
rodzynek (m)	[rɔ'dzɨnɛk]	raisin (m) sec
rosół (m)	['rɔsuw]	bouillon (m)
rum (m)	[rum]	rhum (m)
ryż (m)	[riʃ]	riz (m)

ryba (ż)	['riba]	poisson (m)
rzepa (ż)	['ʒɛpa]	navet (m)
rzodkiewka (ż)	[ʒɔt'kefka]	radis (m)
sól (ż)	[suʎ]	sel (m)
słodka papryka (ż)	['swɔdka pap'rika]	poivron (m)
słodki	['swɔtki]	sucré (adj)
słony	['swɔni]	salé (adj)
sałata (ż)	[sa'wata]	laitue (f), salade (f)
sałatka (ż)	[sa'watka]	salade (f)
sandacz (m)	['sandatʃ]	sandre (f)
sardynka (ż)	[sar'diɲka]	sardine (f)
seler (m)	['sɛler]	céleri (m)
ser (m)	[sɛr]	fromage (m)
sezam (m)	['sɛzam]	sésame (m)
skórka (ż)	['skurka]	peau (f)
smażony	[sma'ʒɔni]	frit (adj)
Smacznego!	[smatʃ'nɛgɔ]	Bon appétit!
smaczny	['smatʃni]	bon (adj)
smak (m)	[smak]	goût (m)
smalec (m)	['smalɛts]	lard (m)
smardz (m)	[smarts]	morille (f)
soczewica (ż)	[sɔtʃɛ'vitsa]	lentille (f)
soja (ż)	['sɔja]	soja (m)
sok (m)	[sɔk]	jus (m)
sok (m) pomarańczowy	[sɔk pɔmaraɲt'ʃɔvi]	jus (m) d'orange
sok (m) pomidorowy	[sɔk pɔmidɔ'rɔvi]	jus (m) de tomate
sok (m) ze świeżych owoców	[sɔk zɛ 'ɕfeʒih ɔ'vɔtsuf]	jus (m) pressé
sos (m)	[sɔs]	sauce (f)
spaghetti (n)	[spa'gɛtti]	spaghettis (m pl)
spodek (m)	['spɔdɛk]	soucoupe (f)
sum (m)	[sum]	silure (m)
suszony	[su'ʃɔni]	sec (adj)
szafran (m)	['ʃafran]	safran (m)
szampan (m)	['ʃampan]	champagne (m)
szczupak (m)	['ʃtʃupak]	brochet (m)
szklanka (ż)	['ʃkʎaɲka]	verre (m)
szparagi (l.mn.)	[ʃpa'ragi]	asperge (f)
szpinak (m)	['ʃpinak]	épinard (m)
szynka (ż)	['ʃiɲka]	jambon (m)
szynka (ż)	['ʃiɲka]	cuisse (f)
tłuszcze (l.mn.)	['twuʃtʃɛ]	lipides (m pl)
talerz (m)	['taleʃ]	assiette (f)
tort (m)	[tɔrt]	tarte (f)
truskawka (ż)	[trus'kafka]	fraise (f)
tuńczyk (m)	['tuɲtʃik]	thon (m)
wódka (ż)	['vutka]	vodka (f)
wątróbka (ż)	[võt'rupka]	foie (m)
wędzony	[vɛ̃'dzɔni]	fumé (adj)
węglowodany (l.mn.)	[vɛnɛ̃zvɔ'dani]	glucides (m pl)
węgorz (m)	['vɛŋɔʃ]	anguille (f)
włoszczyzna (ż)	[vwɔʃt'ʃizna]	verdure (f)

wafle (l.mn.)	['vafle]	gaufre (f)
warzywa (l.mn.)	[va'ʒiva]	légumes (m pl)
wegetariański	[vɛgɛtarʰ'jaɲski]	végétarien (adj)
wegetarianin (m)	[vɛgɛtarʰ'janin]	végétarien (m)
wermut (m)	['vɛrmut]	vermouth (m)
whisky (ż)	[u'iski]	whisky (m)
wiśnia (ż)	['viɕɲa]	cerise (f)
widelec (m)	[vi'dɛlets]	fourchette (f)
wieprzowina (ż)	[vepʃɔ'vina]	du porc
wino (n)	['vinɔ]	vin (m)
winogrona (l.mn.)	[vinɔg'rɔna]	raisin (m)
witamina (ż)	[vita'mina]	vitamine (f)
wołowina (ż)	[vɔwɔ'vina]	du bœuf
woda (ż)	['vɔda]	eau (f)
woda (ż) mineralna	['vɔda minɛ'raʎna]	eau (f) minérale
woda (ż) pitna	['vɔda 'pitna]	eau (f) potable
wykałaczka (ż)	[vika'watʃka]	cure-dent (m)
wyroby (l.mn.) cukiernicze	[vi'rɔbɨ tsuker'nitʃɛ]	confiserie (f)
z lodem	[z 'lɔdɛm]	avec de la glace
zboża (l.mn.)	['zbɔʒa]	céréales (f pl)
zboże (n)	['zbɔʒɛ]	grains (m pl)
zielona herbata (ż)	[ʒe'lɔna hɛr'bata]	thé (m) vert
ziemniak (m)	[ʒem'ɲak]	pomme (f) de terre
zimny	['ʒimnɨ]	froid (adj)
zupa (ż)	['zupa]	soupe (f)

205

www.ingramcontent.com/pod-product-compliance
Lightning Source LLC
La Vergne TN
LVHW051301080426
835509LV00020B/3102